Harald Braem · Auf den Spuren der Ureinwohner

Harald Braem

Auf den Spuren der Ureinwohner

Ein archäologischer Reiseführer
für die Kanaren

Zech

Alle Rechte vorbehalten · *All rights reserved*

© 2008 Verlag Verena Zech, Santa Úrsula (Teneriffa)
Text, Fotos und Karten: Harald Braem
Illustrationen: Alfredo Elsner
Umschlaggestaltung: Claudia Neeb
Umschlagfotos: Ferdinand Merkens, Tullio Gatti
Druck: Taller de Libros, S.L.
Dep. legal: CO-1260-2008

ISBN 978-84-934857-3-3
www.zech-verlag.com
Printed in Spain

Danksagung

Mein Dank gilt besonders Don Ramón Rodríguez Martín, Don José Padrón Machín, Don Vicente Araña, Ramón El Cabrero, Ezequiel José Sosa País, Domingo, Thor Heyerdahl, H. J. Hüneke, den alten Hirten der Inseln sowie allen Freunden und Helfern bei dieser Arbeit.

Inhalt

Die Guanchen: Tausend Fragen und keine richtige Antwort? 11

Rätselhafte blonde Steinzeitmenschen 13

Frühe Berichte 15

Wer waren und woher kamen sie? 17
- 1. Der Atlantismythos 17
- 2. Die Inselberber (Weißafrikatheorie) 23
- 3. Die portugiesische Muschelsammlertheorie 26
- 4. Die Nordwesteuropatheorie 28
- 5. Die Amerikatheorie 30
- 6. Die atlantische Westkulturtheorie 32

Wie erreichten sie die Inseln? 41

So lebten die Altkanarier 51
- Behausungen 51
- Haustiere und Ernährung 53
- Kleidung und Schmuck 54
- Werkzeug und Hausrat 54
- Waffen und Kriegsführung 60
- Sport, Gesang und Tanz 60
- Soziale Ordnung 61
- Politische Organisation 63
- Stellung der Frau 65
- Medizin 67
- Bestattungen und Mumifizierung 68
- Religion 73
- Sprache 77
- Felsbilder und Schrift 78

Die Eroberung der Inseln 89

Terra X entdeckt die Inseln neu 93

Pyramiden 97

Praktische Tipps für Anreise und
Orientierung vor Ort 101

Kanarische Spurensicherung 105

La Palma 106
El Hierro 132
La Gomera 143
Teneriffa 154
Gran Canaria 164
Fuerteventura 184
Lanzarote 190

Kleines Guanchenlexikon 198

Chronik 202

Anmerkungen 204

Glossar 207

Literaturverzeichnis 211

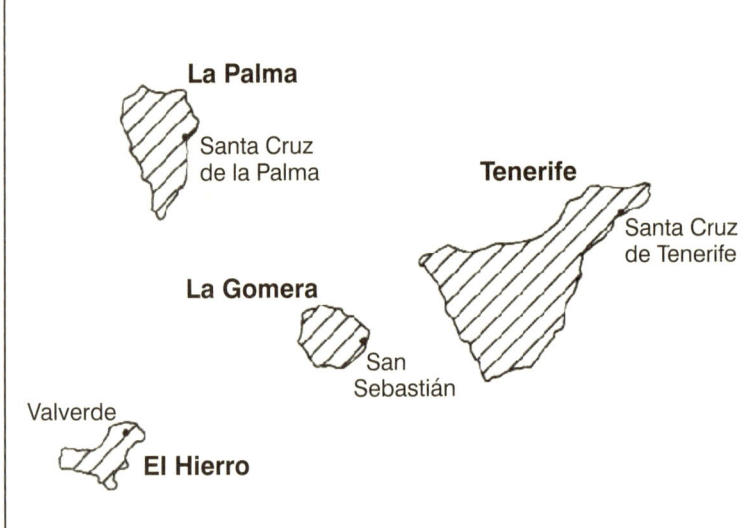

Oben: Die Kanarischen Inseln
Rechts: Die Lage der Inseln im Nordatlantik

Lanzarote
Arrecife
Puerto del
Rosario
Las Palmas de
Gran Canaria
Fuerteventura
Gran Canaria

Nordatlantik
Kanarische
Inseln
Äquator

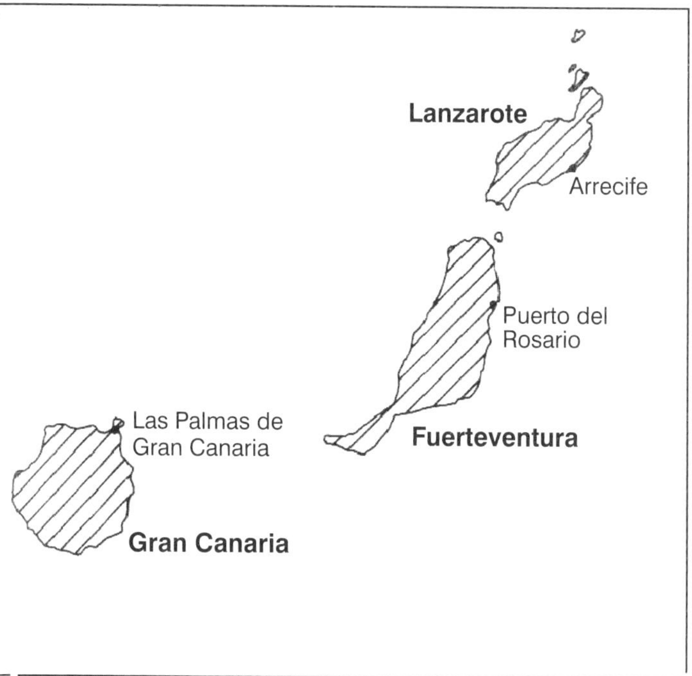

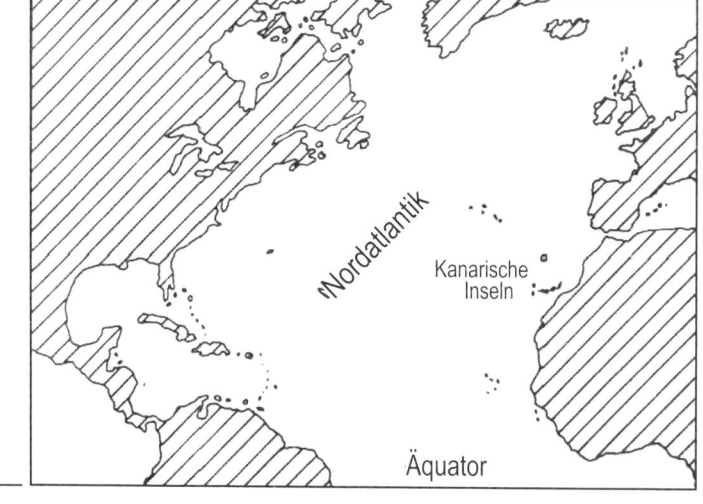

Die Guanchen: Tausend Fragen und keine richtige Antwort?

Wer zum Urlaub auf die Kanarischen Inseln kommt, trifft allerorten auf Guanchen: In Zeitungen, Büchern, Magazinen, Museen, Denkmälern, auf Reklameschildern und manchmal sogar direkt auf der Straße... Und was man dabei erfährt, verwirrt oft mehr als wirklich aufzuklären. Zu widersprüchlich sind die Aussagen der Wissenschaftler, Politiker und Medienvertreter. Mal heißt es, die Kanaren seien bereits vor etwa 18.000 Jahren besiedelt worden, dann vor 5000 Jahren, dann wieder erst um 500 v. Chr. oder noch später durch entflohene römische Galeerensklaven, die kein Zeugnis ablegen konnten, weil man ihnen die Zungen herausgeschnitten hatte. Oder die ersten Siedler waren Berber oder Wikinger oder Azteken oder sogar Überlebende von Atlantis. Und dann existieren da noch diese eigenartigen Pyramiden auf Teneriffa und La Palma...

Kurzum: Es ist nicht einfach, bei all diesen Theorien und Spekulationen noch durchzublicken und sich eine einigermaßen objektive Übersicht zum Thema zu verschaffen. Aus genau diesem Grund habe ich das vorliegende Buch geschrieben. Seit 25 Jahren forsche ich auf den Kanaren, habe mehrere Jahre hier gelebt und kann aufgrund meiner sonstigen Studienreisen (Ägypten, Nordafrika, Mittelmeer, Irland, Altai, Sibirien etc.) Vergleiche anstellen, die z. T. zu überraschenden Ergebnissen führen.

Bei aller gebotenen wissenschaftlichen Sorgfalt lege ich Wert auf einfache, verständliche Sprache und eine strukturierte Betrachtungsweise. Es soll ja keine Arbeit sein, das Buch zu lesen, sondern Vergnügen bereiten, Wissen vermitteln und praktische Tipps geben.

Rätselhafte blonde Steinzeitmenschen

Sie kamen über das Meer und gründeten Königreiche auf den »glücklichen Inseln« – die rätselhaften, sagenumwobenen Ureinwohner der Kanarischen Inseln. Hünenhaft, blond und blauäugig waren sie, wildbärtig die Männer und von großer Schönheit die Frauen, und obgleich sie beim Eintreffen der spanischen Eroberer im 15. Jahrhundert noch auf Steinzeitniveau lebten, besaßen sie ausgeprägte Moralvorstellungen und eine Religion, die unsere heutige Generation nachdenklich stimmen kann...
Wer waren sie, woher kamen sie, wie gestaltete sich ihr Leben auf den vom Klima verwöhnten Inseln? Kannten sie die Schifffahrt, fuhren sie in dunkler Frühzeit bis nach Amerika oder bekamen sie von dort regelmäßig Besuch? Stammen sie von den Ägyptern, Phöniziern, Karthagern ab oder sind sie etwa deren Urahnen? Sind die Kanarischen Inseln am Ende gar Überreste des sagenhaften Atlantis, das versunken auf dem Grund des Meeres liegen soll?
Diese und andere Fragen will das Buch zu klären versuchen. Die Spurensicherung stützt sich dabei auf verlässliche Quellen und Chroniken, auf Berichte aus verschwundenen und wiederentdeckten Handschriften von Augenzeugen ebenso wie auf experimentelle Archäologie und konkrete Funde, die man an zahlreichen Plätzen der Inseln besichtigen kann. Karten, Illustrationen und Fotos ergänzen die Untersuchung, die zwar umfassend ist, aber dennoch unvollständig bleiben muss, denn noch immer, beinahe täglich, werden neue, ungewöhnliche Entdeckungen gemacht: Da findet ein italienischer Taucher überraschenderweise gut erhaltene olmekische Plastiken im seichten Küstengewässer von Fuerteventura, und die Fachwelt rätselt..., da stößt man auf Menhire, Steinkreise und wohlpräparierte Mumien,

werden seltsame Felsbilder und Schriftzeichen entdeckt, wie es sie sonst nur in Irland, in der Bretagne und ... in Südamerika gibt.

Dieses Buch richtet sich daher nicht an den normalen Sonnenurlauber, sondern an alle, die das Staunen noch nicht ganz verlernt haben, an den kunsthistorisch, archäologisch, ethno- und anthropologisch Interessierten, an den Individualtouristen, der weiß, dass er mit den Kanaren nicht irgendwelche Inseln besucht, sondern vielmehr die Wiege einer rätselhaften verschwundenen Westkultur, ein Freilichtmuseum der Steinzeit, eine uralte Lebensweise, die in gewissen Restbeständen und in abgelegenen Winkeln heute noch immer existiert.

Frühe Berichte

Die Geschichte hat den Kanarischen Inseln viele Namen gegeben: Elysische Gefilde, Inseln der Seligen, Atlantis, Fortunatae, Purpur-Inseln und Gärten der Hesperiden. Griechen und Römer, Karthager und Ägypter, Phönizier und Araber berichteten über sie, und diese – teilweise ins Mystische übersteigerten – Beschreibungen lockten in der Folge andere seefahrende Völker an: Normannen, Genueser, Portugiesen, Spanier und Mallorquiner. Sie alle wollten die von Klima und Fruchtbarkeit gesegneten Inseln besitzen und stritten sich um die von ihnen mit Waffengewalt gegen die Ureinwohner erzwungenen Ansprüche und Rechte. Wie die Seeräuber aus England, Frankreich, Holland und Mauretanien, deren Begehr Schätze waren und Sklaven, die plündernd die »glücklichen« Inseln heimsuchten und ihre Küsten in Schrecken versetzten. Jean de Bethencourt und Le Clerc waren hier, Captain Cook, Sir Francis Drake, Nelson, John Hawkins und Blake, und hier probten die spanischen Konquistadoren die planmäßige Unterwerfung Mittel- und Südamerikas, von hier aus startete Kolumbus zur Eroberung der Neuen Welt…

Der wohl bekannteste Bericht stammt von Platon, dem großen griechischen Philosophen, der sein Wissen von weisen ägyptischen Priestern bezog. Seine Schilderung ist so eigenartig und dennoch verblüffend detailgetreu (er kannte bereits Amerika), dass sie auszugsweise in dieses Buch aufgenommen wurde.

Wie aber kommen die Kanarischen Inseln eigentlich zu ihrem noch heute gebräuchlichen Namen? Auch darüber liegen uns nur widersprüchliche Aussagen vor. Von »canere« (lat. = singen) behaupten die einen und verweisen auf den »Canario«, den Kanarienvogel, der mit seinem Gesang Pate bei der Namensgebung gestanden haben soll. Andere halten die Benennung für ein bloßes Lehnwort – zu Zeiten von Ptolemäus und Plinius soll es an der gegenüberliegenden marokkanischen Küste ein »Cabo Caunaria« (in dem das heutige Cap Bojador vermutet wird) gegeben haben. Die wohl wahrscheinlichste Theorie geht von der Bezeichnung der Hauptinsel Gran Canaria aus, die ihren Namen erhalten haben soll, weil es auf ihr angeblich von großen Hunden nur so wimmelte. Nun, es gab dort bestimmt viele Hunde (die allerdings, wie Skelettfunde beweisen, bei weitem nicht so schrecklich groß wie behauptet waren), und es gibt sie immer noch reichlich. Der Name »Hundeinseln« (vom lat. »canis« = Hunde abgeleitet) weist aber nicht bloß auf eine Besonderheit der Fauna hin, sondern viel weiter in Religion und Mystik der alten Völker zurück: Hunde waren schon immer die frühesten und treuesten Begleiter der Menschen. Mehr noch, sie galten als Boten und Wächter des Totenreichs – jener weit im Westen liegenden Inseln der Seligen, den Inseln der ewigen Jugend und des ewigen Lebens. Seltsamerweise ist dieser Glaube bei allen Hochkulturen der Alten Welt verbreitet gewesen. Ob das wieder einmal ein Hinweis auf das versunkene Atlantis ist, auf dem der Mensch der Sage nach lernte, die ersten Tiere zu domestizieren?

Wir wissen es nicht, auch dies ist ein ungelöstes Rätsel. Uns bleibt nur die Möglichkeit, staunend auf den eindrucksvollen Spuren der kanarischen Ureinwohner zu wandern – und die Chance, etwas dabei über uns selbst, unsere eigene Frühgeschichte als Mensch zu erfahren...

Wer waren und woher kamen sie?

Darüber streiten sich die Wissenschaftler noch heftig. Neben allen phantastischen Spekulationen haben sich heute vor allem einige Theorien herauskristallisiert, die nachfolgend vorgestellt werden sollen. Es sind dies:
1. der Atlantismythos
2. die Inselberbertheorie
3. die portugiesische Muschelsammlertheorie
4. die Nordwesteuropatheorie
5. die Amerikatheorie
6. die atlantische Westkulturtheorie

Beginnen wir zunächst mit dem Atlantismythos. Er muss, weil am weitesten zurückreichend, am Beginn unserer Betrachtungen stehen. Es wäre unseriös, ihn zu verleugnen, solange der Wahrheitsgehalt nicht wissenschaftlich einwandfrei widerlegt ist.

1. Der Atlantismythos

Solange es Menschen gibt, beschäftigen sie sich mit der Frage nach dem Ursprung ihrer Art. Die wohl faszinierendste Antwort gibt darauf die Atlantissage – man könnte sie als die Menschheitssage schlechthin bezeichnen. Schätzungsweise rund 25.000 Bücher sind bisher über Atlantis erschienen, wovon die des griechischen Philosophen Platon (Kritias und Timaios), des Anthroposophen Rudolf Steiner (Atlantis und Lemuria) und des amerikanischen Schriftstellers und Politikers Donelly (Die vorsintflutliche Welt) die bekanntesten sind. Aber auch Homer und Solon von Athen, Krantor, Diodorus Siculus, Strabon, Plinius,

Euripides, Seneca und Horaz berichten von Atlantis, die Ägypter und Chinesen, die Hopi-Indianer Nordamerikas, die Stämme der Südsee und des alten Tibet. Rund fünfzig Völker der Erde bewahren Berichte über Atlantis bzw. die Sintflut in ihrem Mythenschatz.
Platon setzt den Untergang der riesigen Insel im Atlantik auf das Jahr 9600 v. Chr. Er schreibt unter anderem:

»Aber einer der Priester (gemeint sind ägyptische Priester, die Solon besuchte und über die Antike befragte), der ein sehr hohes Alter hatte, sprach: Solon, ihr Griechen werdet immer Kinder bleiben. Ein Grieche ist niemals alt! Auf diese Worte erwiderte Solon: Was wollt ihr damit sagen? Und der Priester antwortete: Ihr seid alle so jung, weil euch nur die Seele beschäftigt. Und in ihr werdet ihr keine alte Meinung finden, die von antiker Überlieferung herrührt, und keine Wissenschaft, die die Zeit überdauert hat.
Und hier ist der Grund dafür: Die Menschen sind zerstört worden, und das wird erneut und auf verschiedene Arten geschehen. Die schwersten Zerstörungen ereigneten sich durch Feuer und Wasser. Aber es gab auch geringere auf viele andere Arten. Auch erzählt man sich bei euch, dass Faeton, der Sohn Helios, einmal den Wagen seines Vaters ins Joch spannte, aber unfähig war, ihn auf dem Weg des Vaters zu führen und so die ganze Erde in Brand setzte und selbst, vom Blitz verwundet, starb, dieses erzählt man als Legende.
Hier ist die Wahrheit: Von Zeit zu Zeit kommt es zu einer Abweichung der Körper, die im Himmel um die Erde kreisen. Und manchmal, in langen Zeitabständen, stirbt alles auf der Erde wegen des vielen Feuers. Dann sterben alle, die auf den Bergen leben oder in erhöhten und trockenen Gegenden, während diejenigen, die an Flüssen oder Meeren wohnen, überle-

ben. Aber uns bewahrt unter solchen Umständen der Nil, indem er über die Ufer tritt. Jedoch bei anderen Gelegenheiten, wenn die Götter die Erde durch Wasser reinigen wollen und sie überschwemmen, können sich nur die Hirten in den Bergen retten, die Bewohner unserer Städte werden von den Flüssen ins Meer gespült. In diesem Land sind die Wasser niemals von den Höhen zu den Niederungen geflossen, sondern immer stiegen sie unterirdisch empor. Und daher sagt man, dass hier die ältesten Überlieferungen erhalten sind. Aber in Wirklichkeit gibt es an allen Orten, wo weder exzessive Kälte noch brennende Hitze herrscht, die sie vertreibt, eine mehr oder weniger zahlreiche Menschenrasse. Und so, sei es in eurem Land, in diesem oder in irgendeinem anderen, von dem wir gehört haben, wo etwas Schönes, Großes und Erwähnenswertes geschaffen wurde, ist alles seit den frühesten Zeiten aufgeschrieben worden, und zwar in den Tempeln, und die Erinnerungen sind bewahrt worden. Aber immer, wenn bei euch oder anderen Völkern die Organisation in der Schrift und allen anderen notwendigen Staatsdingen voranschreitet, fallen in regelmäßigen Abständen, wie eine Krankheit, die Wellen des Himmels über euch hernieder, und so überleben nur die Analphabeten und Unwissenden. So werdet ihr aufs neue jung, ohne zu wissen, was in vergangenen Zeiten hier und bei euch geschah. Diese Abstammungsgeschichten, Solon, die du vor kurzem erwähntest, oder zumindest das, was du gerade über die Ereignisse in eurem Land berichtet hast, unterscheiden sich nur wenig von Kindermärchen. Und vor allem gibt es in eurer Erinnerung nur eine Eiszeit, aber es hat viele vorher gegeben.«

Nach dieser erklärenden Einführung folgt die genaue Beschreibung von Atlantis. Bei Platon heißt es wörtlich:

»... in jener Zeit konnte man das Meer überqueren (!). Vor jener Enge, die ihr die ›Säulen des Herakles‹ nennt, gab es eine Insel. Diese Insel war größer als Libyen und Asien zusammen. Und die Reisenden jener Zeit konnten von dieser Insel zu den anderen und so zum Kontinent (Amerika!) auf der anderen Seite dieses Meeres gelangen, das wirklich seinen Namen verdiente. Denn auf der einen Seite dieser Enge, von der wir sprechen (Gibraltar), gab es anscheinend nur eine Reede mit engem Zugang, während auf der anderen Seite, nach außen hin, das wirkliche Meer lag, und das Land, das es umschließt, kann wirklich Kontinent genannt werden. Außerdem reichten auf unserer Seite Libyen bis nach Ägypten und Europa bis Tyrrhenien... Aber es folgten furchterregende Erdstöße und Katastrophen. In einem furchtbaren Tag und einer furchtbaren Nacht wurde euer gesamtes Heer mit einem Schlag von der Erde verschluckt, und damals versank auch Atlantis im Meer und verschwand. Und hier liegt der Grund dafür, warum dieses Meer auch heute schwer schiffbar und nicht zu erforschen ist, denn beim Versinken hat die Insel als Hindernis mangelnde Tiefe hinterlassen...
Die einzigen Überlebenden waren die Bewohner der Berge, die die Kunst des Schreibens nicht beherrschten. Sie und viele Generationen ihrer Abkömmlinge verfügten nicht über die normalen Bequemlichkeiten des Lebens und mussten ihre Anstrengungen und ihre Intelligenz der Befriedigung ihrer primären Bedürfnisse widmen. Es ist nicht verwunderlich, dass sie die Ereignisse in der Antike vergaßen. So erklärt sich, warum uns nur die Namen unserer frühesten Vorfahren bekannt sind, während ihre Taten vergessen wurden...«

Daraus (und aus ähnlichen Berichten) leitet Donelly folgende Thesen ab:

1. Vor jener Zeit bestand in der Mitte des Atlantiks, gegenüber dem Zugang zum Mittelmeer (jenseits der Heraklessäulen), der Rest eines atlantischen Erdteils, der in der antiken Welt unter dem Namen Atlantis bekannt war.
2. Platons Beschreibung dieser Insel ist nicht, wie lange geglaubt wurde, eine Phantasiegeschichte, sondern wahre prähistorische Geschichte.
3. Atlantis war das Land, in dem sich der Mensch erstmals von der Barbarei zur Zivilisation entwickelte.

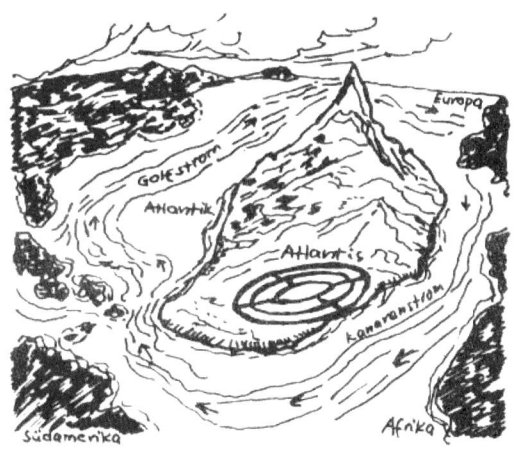

Atlantis im Atlantik (Phantasiezeichnung)

4. Die Bevölkerung von Atlantis entwickelte sich im Laufe der Jahrtausende zu einer mächtigen Nation, deren überschüssige Bevölkerung die Küsten des Golfs von Mexiko, des Amazonas und Mississippi, des Pazifiks in Südamerika, des Mittelmeeres, die Küsten Westeuropas, Westafrikas, der Ostsee, des Schwarzen und Kaspischen Meeres mit zivilisierten Menschen kolonisierte.

5. Atlantis war die Welt vor der Sintflut, mit dem Garten der Hesperiden, den Elysischen Gefilden, dem Olymp.
6. Die Götter waren Atlanter – die Göttinnen, Götter und Helden der antiken Griechen, Phönizier, Hindus und der nordindischen Mythologie waren die Könige, Königinnen und Helden von Atlantis; die ihnen von der Mythologie zugeschriebenen Heldentaten waren wirre Erinnerungen an wirkliche, prähistorische Ereignisse.
7. Die Mythologie Ägyptens und Perus, die in der Anbetung der Sonne bestand, war die ursprüngliche Religion der Atlanten.
8. Die Werkzeuge und Utensilien der europäischen Bronzezeit hatten ihren Ursprung in Atlantis. Die Atlanten waren die Ersten, die das Eisen bearbeiteten.
9. Atlantis war ursprünglich von arischen bzw. indoeuropäischen Stämmen (Cromagnon) bewohnt.
10. Atlantis wurde durch eine verheerende Naturkatastrophe zerstört, die die ganze Insel bis zu den höchsten Gipfeln (Kanarische Inseln, Azoren, Kapverdische Inseln usw.) und nahezu alle ihre Bewohner im Meer versenkte.
11. Nur wenige Überlebende retteten sich in Booten und Flößen. Sie trugen die Nachricht der schrecklichen Katastrophe zu den Völkern an den Küsten östlich und westlich des Meeres. Diese Berichte sind in den Sintflutgeschichten vieler Kulturen (einschließlich dem sumerischen Gilgamesch-Epos und der Bibel) bis heute erhalten.
Sehr interessante Theorien zum Thema haben auch Prof. Otto Muck (Alles über Atlantis, 1976) und Martin Freksa (Das verlorene Atlantis, 1997) aufgestellt. Freksa hält die Guanchen für Überlebende eines Bergvolkes aus dem Atlasgebirge, die nach der großen Flut (Tsunami) vor 5000 Jahren am Teide auf Teneriffa Fuß fassten.

Wir wollen an dieser Stelle keine der vorangestellten Äußerungen bewerten noch weitere Spekulationen hinzufügen, aber doch anmerken: Was die Kanarischen Inseln betrifft, hier lag Atlantis mit Sicherheit nicht! Hier ist nichts versunken, im Gegenteil: Die Inseln tauchten bereits vor mehreren Millionen Jahren, durch gewaltige Vulkanausbrüche geformt, aus den Tiefen des Atlantiks auf.
Die Frage, die sich uns nach wie vor stellt, lautet: Wann siedelten erstmals Menschen auf den Kanaren und woher kamen sie?

2. Die Inselberber (Weißafrikatheorie)

Eine andere, heute sehr häufig zitierte Theorie spricht davon, dass die altkanarischen Ureinwohner eigentlich »Inselberber« waren, d. h. weiße, südcromagnoide Steinzeitmenschen, die aus Frankreich kommend (wo sie um 35.000 v. Chr. lebten), jahrtausendelang den Tierherden folgend, weit nach Osten bis in die russischen Steppen wanderten. Dann am Schwarzen und am Kaspischen Meer entlang, durch Kleinasien, Sinai und Suez, Ägypten und Libyen bis nach Algerien und Marokko, wo sie etwa um 10.000 v. Chr. auftauchten und Mechta-el-Arbi- bzw. Afalou-Leute genannt werden. Die Berber, Tuareg und Kabylen wären demzufolge Restgruppen der einstigen weißen nordafrikanischen Bevölkerung, von denen einige Stämme später irgendwann auf Schiffen von der marokkanischen Küste aus nach den Kanarischen Inseln übersetzten (siehe Karte).
Etwa um 7000 oder 6000 v. Chr. stößt eine weitere Cromagnon-Gruppe mediterraner Prägung von Italien und Sizilien aus kommend nach Nordafrika vor und vermischt sich (in Tunesien) mit den älteren cromagnoiden Wanderern zur so genannten Capsien-Kultur. Auch diese Menschen zieht es zu den Kanarischen

Inseln (vielleicht werden sie aber auch von nachfolgenden Völkern an Afrikas Rand gedrängt).
Man nimmt jedenfalls an, dass etwa um 2500 v. Chr. die erste planmäßige Besiedlung der Inseln erfolgte. Andere Wissenschaftler nennen den Beginn des ersten Jahrtausends v. Chr., während wieder andere auf den vorliegenden Radiocarbon-C-14-Messdaten beharren, die für die Kanaren bisher nur ein Alter von ca. 500 v. Chr. ergaben. J. F. Navarro-Mederos, Professor an der Frühgeschichtlichen Fakultät der Universität La Laguna, Teneriffa, spricht von zwei Einwanderungswellen: Gruppe 1 ca. 500 v. Chr. aus Nordwestmarokko (Kennzeichen: geometrische Bildzeichen), Gruppe 2 nach 700 oder 800 n. Chr. aus der mittelwestlichen Sahara (Kennzeichen: libysch-berberisches Alphabet).
Man darf in diesem Zusammenhang allerdings nicht übersehen, dass im Moment lediglich sehr wenige C-14-Daten aus Grabun-

Angenommene Wanderungen der Cromagnon

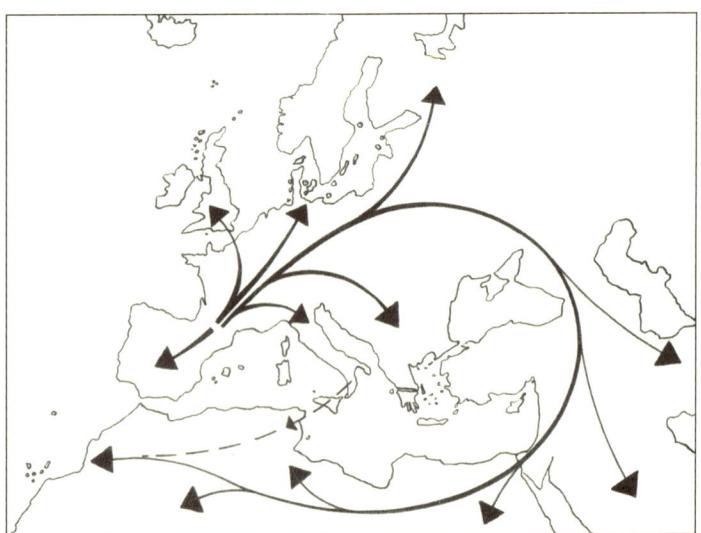

gen in Wohnanlagen vorliegen, sogenannte »Hausmüllmessungen«. Das meiste ist noch nicht systematisch untersucht worden, vieles schlummert noch unentdeckt, für Stein (z. B. die Felsbilder) existiert derzeit noch keine exakte Messmethode, so dass man hier auf Vergleiche mit der Formensprache anderer Kulturgebiete angewiesen ist.

Die gängige Inselberbertheorie – obgleich auf den ersten Blick recht einleuchtend – stützt sich auf etwas wacklige Sprachvergleiche sowie nicht voll überzeugende Untersuchungen der Keramik, geht ferner nicht befriedigend auf die im Atlantik vorhandenen Meeresströmungen ein und leugnet eine prähistorische Schiffahrt völlig (an späterer Stelle wird uns diese Problematik noch näher beschäftigen).

Nicht zu bestreiten bleibt indes die Tatsache, dass es sich bei den Menschen, die in mehreren Schüben die Kanarischen Inseln besiedelten, um zunächst reinrassige Cromagnon, später um Menschen eines mehr mediterranen Mischtypus handelt, wie die Anthropologen Ilse Schwidetzky, Verneau, Berthelot, Fischer, Fuste und Rosing anhand genauer und umfangreicher Untersuchungen feststellen konnten. Die anthropologischen Merkmale der cromagnoiden Rasse, die heute am deutlichsten noch bei den Basken, Bretonen, Galiziern, Westiren sowie einigen Berberstämmen hervortreten und sich z. B. auch in der uns nahe verwandten »fälischen« Rasse manifestieren, sind heute noch in sehr großer Präsenz auf den Inseln (besonders auf Gran Canaria, Teneriffa, La Palma, El Hierro und La Gomera) vorhanden: breite, kurze Gesichter, hervorspringende Wangenknochen, eckiges Kinn, kleine Nasen, mehr breit als hoch, mehr konkav als konvex, tiefliegende klare Augen mit ausgeprägter Brauenwölbung, helle, oft blonde oder rotbraune Haare. Nach Meinung der o. g. Wissenschaftler lebt die antike Guanchenbevölkerung noch immer zu einem unübersehbaren Prozentsatz im kanarischen Volk weiter.

Die Cromagnon-Definition ist also wesentlich mehr als eine bloße Theorie, wenn sie indes auch keine Erklärung darüber abgibt, wie die Altkanarier nun wirklich zu den Inseln gelangt sind, denn es sind ja auch andere Wege denkbar als nur der von Marokko aus.

3. Die portugiesische Muschelsammlertheorie

Eine denkbare Alternative zur Inselberbertheorie wäre die portugiesische Atlantikküste, genauer: das Mündungsdelta des Tejo (span. Tajo), wo Pereira da Costa, Ribeiro, d'Oliveira, Abbe J. Roche u. a. die prähistorische Anwesenheit eines muschelsammelnden Fischervolkes mit cromagnoiden Zügen feststellen konnten. Am Nebenfluss Muge, einer an prähistorischen Funden außerordentlich reichen Region, wurden (ähnlich wie in Skandinavien, England und Irland sowie auf den Kanarischen Inseln) riesige Muschelscherbenhaufen – sogenannte Kjöcken-

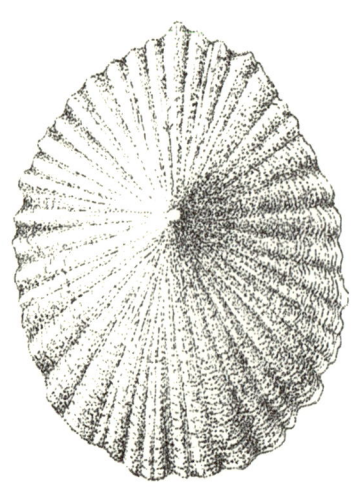

Lapaschale

Typischer Muschelschalenhaufen (»Conchero«)

möddinger oder Concheros – mit Steinklingen und Resten anderen Hausrats entdeckt und per Radiocarbon-C-14-Methode auf etwa 7000 v. Chr. datiert.

Untersuchungen des Küstenverlaufs ergaben, dass etwa um 5700 v. Chr. gewaltige Meereseinbrüche die Landschaft dort (und die Gestalt Westeuropas überhaupt) grundlegend veränderten. Die Annahme liegt nahe, dass dies der Anlass für umfassende Völkerwanderungen war, inklusive dem Aufbruch mancher Stämme auf dem Seeweg zu neuen Ufern und besseren Lebensbedingungen. Diese Theorie lässt zwar keine genaue Datierung für die Ankunft auf den Kanarischen Inseln zu, beinhaltet aber immerhin die Möglichkeit, dass das kleine Volk der portugiesischen Muschelsammler mit den zeichensetzenden Großsteinbaumeistern des Megalithikums irgendwann in Berührung kamen und deren Formensprache und handwerkliche Kenntnisse übernahmen. Wie wir später sehen werden, lässt sich die Theorie allerdings noch einleuchtender in das Gesamtkonzept einer atlantischen Westkultur integrieren.

4. Die Nordwesteuropatheorie

Als mögliche Vorfahren der Altkanarier werden von einigen Forschern auch die Wikinger oder Wandalen angenommen – wagemutig zur See fahrende Nordgermanen, die an der Atlantikküste (die Wandalen auch in ihren Königreichen in Sizilien und Nordafrika) vereinzelte Spuren hinterließen. Diese Auffassung würde allerdings auf jüngere historische Zeiten hindeuten und wird von der Mehrzahl der Wissenschaftler ebensowenig geteilt wie die Annahme, dass es sich bei den Altkanariern um entwichene Sträflinge einer römischen Kolonie in Nordafrika handelt. Wesentlich mehr Beachtung verdient dagegen die Meinung von Carpentier, der die Basken als reinblütige Nachkommen der Cromagnon ansieht (Schädel- und Blutgruppenvergleiche), die als äußerst seetüchtiges Volk von der Biskayaküste aus den Atlantik erkundeten und dabei auch die Kanarischen Inseln als Siedlungsgebiet für sich entdeckten. Ihm zufolge wären die Altkanarier also direkte Nachfolger der Höhlenmaler von Altamira, Lascaux usw. Carpentier hält es aufgrund gewisser spektakulärer Funde an den Küsten Nord-, Mittel- und Südamerikas sogar für möglich, dass diese Leute dort landeten und lange Zeit Kolonien auf dem fremden Kontinent unterhielten. Eine interessante Hypothese, für die letzte Beweise auf den Kanarischen Inseln allerdings noch immer fehlen.

Halten wir uns dagegen die Tatsache vor Augen, dass cromagnoide Menschen sehr früh England und Irland auf dem Seeweg erreichten und gerade dort überwältigende Parallelen zur Kultur der Altkanarier zu finden sind (z. B. New Grange im irischen Boyne Valley, Steinkreise und Muschelscherbenhaufen sowie eine Vielzahl megalithischer Petroglyphen, die mit den kanarischen deckungsgleich sind), so erstaunt der Hinweis auf Nordwesteuropa nicht mehr so sehr. Die in den Stein gravierten Wellenkreise der kleinen bretonischen Insel Gavr'inis (Morbihan bei Carnac) sind von Art und Formensprache her identisch mit jenen der Fuente de la Zarza auf La Palma. Die vorliegenden C-14-Daten für Megalithbauwerke in der Bretagne (z. B. Kercado) weisen auf das Jahr 4700 v. Chr. und früher!

Vergleich der Formensprache La Zarza (La Palma) und Gavr'inis (Bretagne)

Es lassen sich weitere verblüffende Parallelen zu Irland, Schottland und England, Schweden und Dänemark, zur Bretagne, zur nordspanischen und portugiesischen Küste feststellen, auf die ich aus Gründen größerer Klarheit erst in Abschnitt 6 (atlantische Westkultur) eingehen möchte.

5. Die Amerikatheorie

Es kann nicht ausgeschlossen werden, dass auch der amerikanische Kontinent bzw. ein mit ihm vertrautes seefahrendes Volk in Zusammenhang mit der Besiedlung der Kanarischen Inseln steht. Für Hermann Wirth, der auf der Suche nach einer Urschrift der Menschheit besonders die Indianersprachen untersuchte, sind die Kelten bzw. die Phönizier das Bindeglied zwischen der Alten und der Neuen Welt. Er hebt hervor, dass die kultischen Symbole im Kalender der nordamerikanischen Indianer und der atlantischen Völker absolut identisch sind. Schon der spanische Geschichtsprofessor Pablo Gaffarel wies 1875 auf die engen sprachlichen und kulturellen Beziehungen zwischen den Phöniziern und Amerikanern hin. Seiner Meinung nach wurden die Kanarischen Inseln systematisch vom phönizischen Stützpunkt Gades (dem heutigen Seehafen Cádiz, Schiffahrtslinie spanisches Festland–Kanarische Inseln) aus kolonisiert.
Seit 1980 wurden Felsbilder in verschiedenen Teilen der USA gefunden (Grabmal in Grave-Creek, Ohio, in den Kupferbergwerken am Oberen See sowie auf dem Porphyr von Arizona, in Kalifornien und am Ufer des Salzsees), die große Ähnlichkeit zu den kanarischen Petroglyphen aufweisen sollen. Die 1990 entdeckten Felsgravuren von Venezuela sind denen von La Palma so verblüffend ähnlich, dass die Unterscheidung selbst einem Fachmann schwerfällt. Jacques de Mahieu berichtet von Paraguay, Mexiko, Peru und Kolumbien, wo eine ältere weiße Rasse vor den Indianern gelebt haben soll und präsentiert als Beweise für seine Annahme Fotografien von Dolmen, Menhiren, Opferaltären, Schriftzeichen und Ruinen von uralten Festungsanlagen.
1985 wurden im flachen Küstengewässer von Lanzarote von einem italienischen Taucherteam Reste von alten Steinbauten und

Basaltstufen entdeckt und gefilmt. Ein anderer Taucher barg vor der Küste Fuerteventuras mehrere olmekische Tonstatuetten. Die im Fernsehen gezeigten Bilder sorgten für beträchtliches Aufsehen, da erstmals ein deutlicher Hinweis auf eine antike Seeverbindung Amerika–Kanarische Inseln vorlag (sofern die Figuren nicht als Beutegut von spanischen Schiffen späterer Zeit stammen).

Simonin, Lartet, Quatrefages, Broca und Dally stellten Übereinstimmungen zwischen indianischen und Guanchenschädeln fest.

Insgesamt sind die Aspekte einer gemeinsamen amerikanisch-europäisch-kanarischen Kultur aus der Vorzeit bis dato noch wenig erforscht und lassen von daher noch so mancherlei Überraschungen erwarten. So verblüffte z. B. 1996 eine Meldung, die alle bisherigen Besiedlungstheorien des amerikanischen Kontinents radikal in Frage stellt: Im Nordosten Brasiliens fanden französische Prähistoriker unter einem Felsdach eine Siedlungsstätte von Ureinwohnern. Die Holzkohlenreste der Feuerstelle ergaben (nach der C-14-Methode) ein Alter von ca. 32.000 Jahren – was in etwa dem Kulturzeitraum der Cromagnon entspricht und die Altbrasilianer zu Zeitgenossen unserer europäischen Steinzeitsammler macht. 2002 wurden auch in Argentinien und Peru etwa gleich alte Funde gemeldet. Die ältesten Spuren menschlicher Besiedlung liegen noch weiter zurück und befinden sich im Süden Chiles (Monte Verde, Patagonien)...

6. Die atlantische Westkulturtheorie

Eine sehr einleuchtende Theorie stellt die der atlantischen Westkultur dar. Der bedeutende Kanarenforscher D. J. Wölfel sagt dazu: »Die kulturellen Parallelen und die Keramik zeigen die Randkultur der Kanarischen Inseln in einem unverkennbaren Zusammenhang mit dem ältesten Mittelmeer, mit dem vordynastischen und frühdynastischen Ägypten, dem vorminoischen und frühminoischen Kreta, aber mit der eigentlichen ägyptischen, der eigentlichen kretischen Kultur, haben sie nichts zu tun. Folglich kann auch die Schrift nicht in minoischer Zeit aus Kreta gekommen sein, sondern dieser völlig neue Typus kanarischer Inschriften muss die Schrift der ›Westkultur‹ sein, jener bisher unbekannten Hochkultur, die auf den Kanarischen Inseln einen bescheidenen Ableger hatte, die in ihren Randwirkungen überall in Nordafrika und Westafrika zu fassen ist, die als wichtigste Komponente in die älteste ägyptische und kretische Kultur mit einging und deren innige Verflechtung mit dem alten Westeuropa noch herausgearbeitet werden muss; ihren Charakter werden wir aber erst dann voll erkennen, wenn wir statt auf einen bescheidenen Ableger auf eines ihrer Zentren gestoßen sind.«

Was haben wir unter dem Hinweis auf das alte Westeuropa zu verstehen? Ein Wesensmerkmal der atlantischen Westkultur ist der Kreis: Stonehenge und Avebury, die vielen bekannten Rundanlagen in England, Schottland und Irland, auf den Orkneyinseln und in der Bretagne, aber auch magische Zeichen in Form konzentrischer Ringe, Wellenkreise und Spiralen, die sich in Dolmen und auf Menhiren, in Hügelgräbern und Schalensteinen bis hin nach Malta und Gozo und den Kanarischen Inseln finden. Ein weiteres charakteristisches Kennzeichen dieser gelegentlich auch Megalithkultur oder Großsteinkultur genannten Kulturform ist das Material Stein. Die Verbindung von beidem, Stein und Kreis – der Steinkreis – findet sich stets an sorgfältig ausgewählten »Plätzen der Macht«: als Versammlungsort, Thing-, Richt- oder Kultplatz, als Ort für Himmelsbeobachtung, für Spiele, Zweikämpfe, Feste und gemeinsame Essgelage. *Tagoror* heißen die Steinkreise, die man heute noch auf den Kanarischen Inseln in unterschiedlichem Erhaltungszustand aufspüren kann.

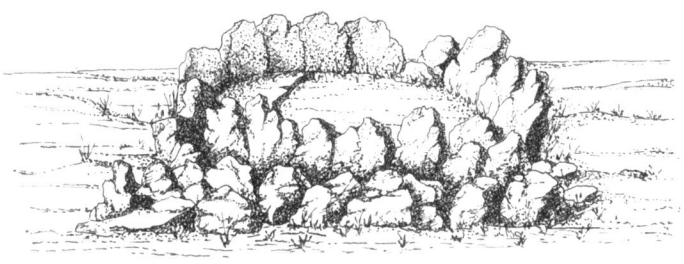

Kanarischer Steinkreis (Tagoror)

Die Formensprache hat sich bis in die heutige Zeit hinein erhalten: Der Kampfplatz für den Lucha Canaria, den mit einer altägyptischen Sportart verwandten kanarischen Ringkampf, ist kreisrund, die schon lange nicht mehr benutzten Dreschplätze sind es, sogar die familiären Palaverplätze nahe alten Häusern bestehen aus Steinkreisen. Nach Espinosa besaß jede Guanchenhöhle eine solche »Empfangshalle«, nur der Tagoror des Königs diente speziell als Versammlungsplatz des Ältestenrats. Ein drittes Merkmal der atlantischen Westkultur ist das Aufstellen von phallusartigen Steinen, von Menhiren, das Aufrichten großer Hügel (Irland, Silbury Hill und Glastonbury Hill in England, Mt. St. Michel in der Bretagne usw.) bzw. die kultische Verehrung besonders auffallender Berge und Hügel.

Auf den Kanarischen Inseln werden oft alle drei bisher genannten Formelemente miteinander verbunden (im El Julan auf El Hierro, auf der Fortaleza de Chipude, dem »Platz der Macht«, auf dem weithin sichtbaren Tafelberg von La Gomera (*Fortaleza* bedeutet übersetzt sowohl Festung als auch Kraft, Mut, Stärke, Macht), auf Gran Canaria und Lanzarote (Zonzamas) und schließlich auf La Palma am Fuße des heiligen (menhirartigen) Berges Idafe in der Caldera de Taburiente.

Die Angelegenheit gewinnt dadurch eine sexualkultische, dualistische Dimension: die Verbindung beider Pole (männlicher Phallus/Menhir/Berg – weibliche Vagina/Kreis) gereicht zur religiösen Handlung. Das kultische Anbohren des Steins (Näpfchen- oder Schalensteine genannt), die Tätowierung quellennaher Felsen mit Kreisen und Wellenringen, das Errichten von Steinkreisen auf oder bei heiligen Bergen lässt den Bezug zu Fruchtbarkeitskulten deutlich werden, zu Regenbeschwörung, zum »Wasser des Lebens«. Ruhiger die statischen Wellenkreise (vielleicht den Zustand des Fließens, d. h. permanenter Verwandlung darstellend), aktiver die Spiralen, die mehr Energiezeichen sind, die die Augen beim Betrachten in Bewegung versetzen, die Finger beim Nachtasten, die Füße beim Nachtanzen...

Überhaupt scheint mir die Bedeutungsaufladung (Imagination) bestimmter Plätze mit magischen Bildzeichen (oder Bauwerken: Rundtempel, Steinkreise, Opferaltäre) von Wichtigkeit zu sein. Imagisieren heißt: den Zauber, die Ausstrahlung eines Ortes spüren und dem so entstehenden inneren Bild ein äußeres, für alle anderen sichtbares, hinzufügen. Ein solches Bild wird logischerweise immer mehrdeutig sein, es ist ein magisches Interpretationszeichen, das der Deutung durch einen Eingeweihten (Schamanen) bedarf. Hier sei besonders auf die Spirale hingewiesen, die auf den Kanarischen Inseln vorherrscht und in

Irland (z. B. New Grange, Donegal, Meath, Wicklow usw., Datierung: 2500 v. Chr.) sowie Galizien (Monte de Saia, Lanhelas, Coto de Breña, Postela de Rosas Vellas usw., Datierung: 1900 v. Chr.) völlig identisch sind.

Abgesehen vom speziellen Kommunikationscharakter der Schrift (Näheres hierzu Seite 78), stellte sich für den Frühmenschen die ganze Natur als eine riesige Summe aus Botschaften dar; er stand mit jeder ihrer Erscheinungsformen, mit jedem Detail in Kommunikation, mit der Quelle wie mit dem Wind, mit Rissen, Zeichnungen und Färbungen im Stein, mit Belebtem und Unbelebtem, denn für ihn war alles beseelt, lebten die Felsen, die Erde, der Himmel, das Meer.

Die Religion der atlantischen Westkultur – auch das ist ein typisches Kennzeichen für die Altkanarier – wird im Freien ausgeübt. Die Altäre bleiben leer, sie sind wie die Felsen den Göttern als Sitz vorbehalten, und wenn einmal Idole aufgestellt werden (wie in den Efequenes von Fuerteventura oder die »Urmutter von Tara« auf Gran Canaria), so geschieht dies unter freiem Himmel.

Idole, zumeist weibliche oder bisexuelle, wie auf den Kanaren, wurden in weiten Teilen des alten megalithischen Europas (z. B. Irland, Kreta, Malta, Mazedonien) gefunden, wo man ihr Alter allerdings auf mehrere tausend Jahre datiert. In Nordafrika sind sie unbekannt.

Als wohl formschönste der ästhetisch sehr anspruchsvollen kanarischen Plastiken wird allgemein die Urmutter von Tara angesehen. Sie wurde in Tara bei Telde auf Gran Canaria gefunden und ist im Museo Canario, Las Palmas de Gran Canaria, ausgestellt. Die Sache gewinnt zusätzlich an Bedeutung, weil der Name Tara in der Sprache der Altkanarier »Erinnerungszeichen, Schrift« bedeutet. Alle Felsbilder sind in diesem Sinne Taras! Da »Tara« ein vorindoeuropäisches Wort von außergewöhnlicher Bedeutung ist, verweise ich hier auf Anmerkung 1.

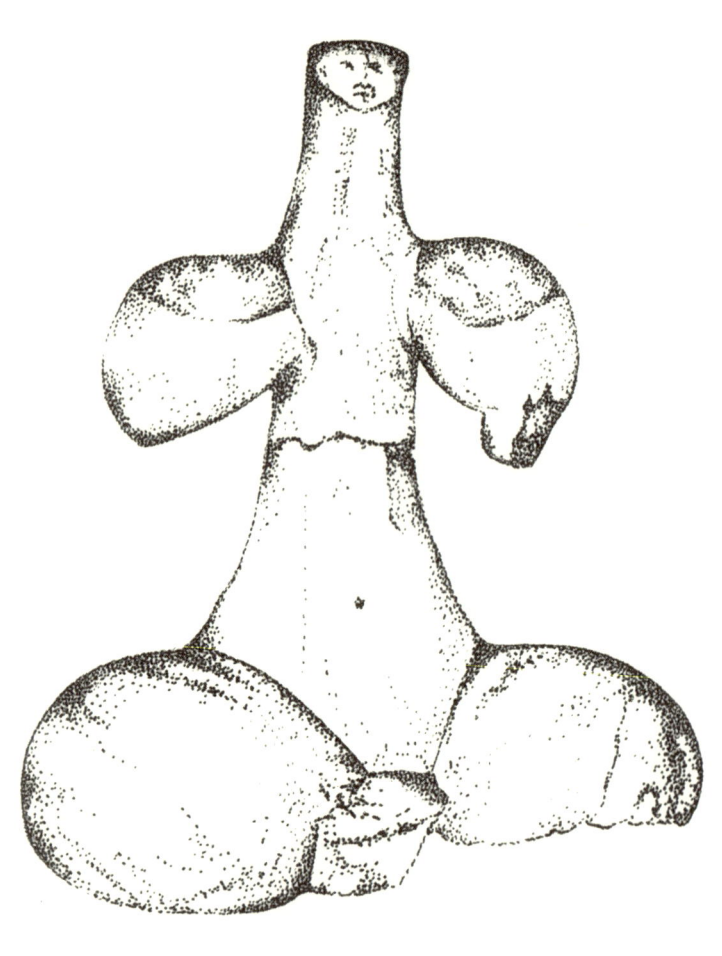

Die »große Urmutter von Tara«, Gran Canaria

Weitere überlegenswerte Argumente sind: Bumerangs, die keine Jagdwaffen, sondern schamanische Kultgegenstände darstellen (siehe Anmerkung 2), finden sich außer in Australien und Ägypten im gesamten cromagnoiden Raum. Darstellungen sind zu Hunderten in den Felsbildern Skandinaviens und auf Dolmen und Menhiren der Bretagne und Galiziens bekannt (z. B. in Gavr'inis, de Lizo, Moustier, Mane Rutual, Moustoirac, Petit Mont, Kerveresse, Mane Lud, de Couedic). Exakt die gleichen Bumerangs wurden auch auf den Kanaren gefunden: in Breña Alta auf La Palma. Sie sind ca. 50 cm lang und werden Crosses oder Krummstäbe genannt. Ein paar besonders schöne Exemplare werden im Museo Insular in Santa Cruz de La Palma aufbewahrt. Von Nordafrika sind solche Funde und Felsbilder nicht bekannt.

Für den renommierten Experimentalarchäologen und Felsbildforscher Dietrich Evers stellen die La-Palma-Funde allerdings keine echten, flugfähigen Bumerangs dar, sondern eher Kultstäbe, wie sie bei den westeuropäischen Schamanen der Nacheiszeit und darüber hinaus zirkumpolar (den Polarkreis umspannend, d. h. Skandinavien, Sibirien und Nordamerika einschließend) Verwendung fanden. Die Kulthölzer (oft auch »Kommandostäbe« genannt), die vermutlich auf Tierkopfstäbe zurückgehen, wurden von den Adepten benutzt, um in eine der außerirdischen Welten einzudringen. Auf diesem Weg gelangten sie auch in die Höhlen, die urmütterliche Unterwelt, aus der sich das Leben –Pflanzen, Tiere und Menschen– immer wieder regeneriert. Er verweist in diesem Zusammenhang auf die große Ähnlichkeit der »Bumerangs« von La Palma mit einer Gravur an einem der Kultsteine von Stonehenge.

Ein weiteres Argument gegen die Inselberber- und für die Westkulturtheorie ist die Tatsache, dass auf den Kanarischen Inseln bisher nirgends Metalle gefunden wurden. Bei der von einigen Wissenschaftlern angenommenen Einwanderung aus Nordwest-Marokko um 500 v. Chr. müssten solche Gegenstände aber auffindbar sein (wer hätte so wertvolle Dinge wie Werkzeuge und Waffen aus Bronze oder Eisen zurückgelassen?). Setzt man den Zeitpunkt aber wesentlich früher an und als Auswanderungsgebiet die Küsten Westeuropas, so wird die Steinzeitkultur auf den Kanaren verständlich.

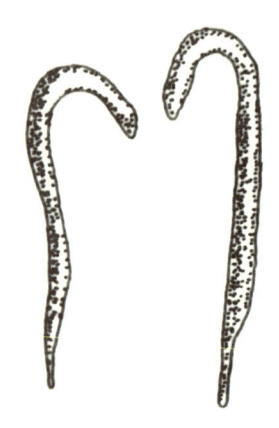

Zwei »Bumerangs« von der Kanareninsel La Palma

Wie wir im nächsten Kapitel sehen werden, bestand zudem eine enge Verbundenheit mit dem Meer, die für die atlantische Westkultur eine wesentliche Prägung darstellt.
Zuvor sei aber noch der Hinweis auf ein äußerst bemerkenswertes Phänomen gestattet, das in den letzten Jahrzehnten in der archäologischen Wissenschaft an Aussagekraft gewonnen hat: die Untersuchung von Blutgruppen, die man an lebenden Menschen ebensogut wie an Mumien vornehmen kann. Beides ist bei anthropologischen Forschungen auf den Kanarischen Inseln geschehen, wobei ein signifikant hoher Anteil der relativ seltenen Blutgruppe 0 mit Rhesusfaktor negativ festgestellt wurde.

Nun hat man inzwischen für die weiße Rasse herausgefunden, dass heute die meisten Menschen in Europa und vor allem in Nordeuropa die Blutgruppe A besitzen (was auf die Frühmenschengruppe vom Combe-Capelle-Typus zurückgeführt wird). In Asien haben dagegen die gleichen Weißen in der Mehrheit die Blutgruppe B. Je weiter man von Westen nach Osten oder genauer von Nordwesten nach Südosten vorgeht, um so mehr nimmt die Blutgruppe A ab und die Blutgruppe B zu.

Die seltenere Blutgruppe 0 kommt dagegen mehr in einem westlichen Nord-Süd-Streifen (siehe Karte) vor, weswegen auch bereits von einem cromagnoiden Abstammungsmerkmal gesprochen wurde, denn die Konzentration weist deutlich auf Regionen hin, deren Bevölkerung aus dem Typus des Cromagnon hervorging: das Baskenland, Irland, Schottland, Nordwales, Island, Sizilien, Kreta und schließlich die Berberstämme Weißafrikas im heutigen Tunesien und Marokko.

Auffallend ist, dass es sich dabei vorrangig um Bergvölker bzw. aus dem Bergland stammende Menschen handelt, die in Meeresnähe, besser: in Atlantiknähe leben und eine ausgesprochene Hinwendung zur Seefahrt aufweisen. Die Blutgruppendichte verrät so, wer die Träger der atlantischen Westkultur waren: seefahrende Nachkommen der Cromagnon.

Die höchsten Prozentanteile an der Blutgruppe 0 mit Rhesusfaktor negativ stellen übrigens, wie umfangreiche Unterschungen nachwiesen, die französischen Basken, die Westiren und die Bewohner der Kanarischen Inseln (von den Guanchenmumien bis zum heute lebenden Canario in nahezu unveränderter Wertigkeit). Dies lässt die Frage zu: Sind die Altkanarier also Nachkommen der alten Höhlenmaler von Altamira, Lascaux, Niaux und Pech-Merle?

Genau dies scheint der Fall zu sein. Der cromagnonide Menschentypus des alten Europa tritt auf den Kanaren ca. zehnmal häufiger auf als in Nordafrika. Anthropologisch betrachtet stellen die Kanaren und Nordafrika zwei völlig verschiedene Welten dar.

Die Verteilung der Blutgruppe 0 in Europa

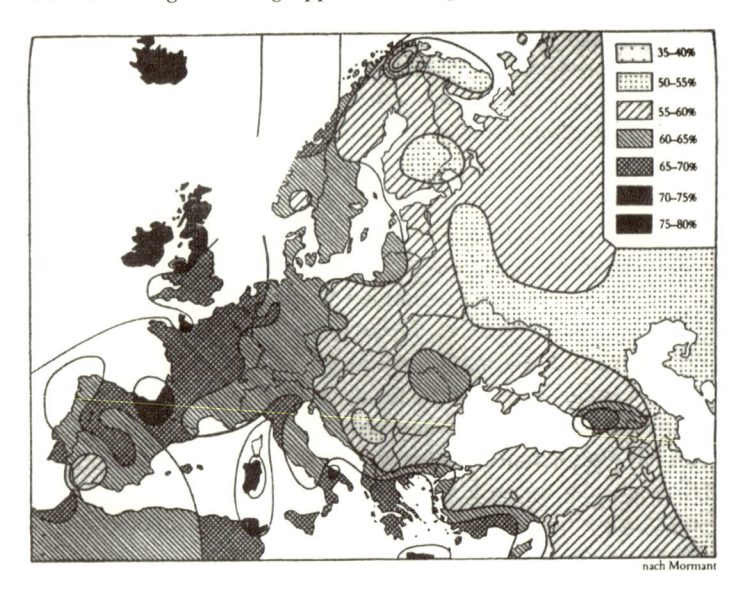

Wie erreichten sie die Inseln?

Eine weitere wichtige Frage ist die: Handelt es sich bei den Altkanariern um Schiffbrüchige oder Teilnehmer einer zufälligen oder gezielten Kolonisierung? Wenn wir hier nicht bloß spekulieren wollen, sind wir auf konkrete Spuren und Fakten angewiesen. Eingeborene sind stets von Schiffen fasziniert, auch dann, wenn sie selbst (aus welchen Gründen auch immer) die Seefahrt im Laufe der Zeit verdrängt, vergessen und aufgegeben haben. Tatsächlich finden wir auf den Kanarischen Inseln frühe Darstellungen von Schiffen, Booten und Ankern sowie Berichte, die eindrucksvoll ihre Vertrautheit mit der See dokumentieren.
Auf El Hierro (El Julan) kann man ein in den Fels graviertes Schiff betrachten, ein anderes auf Gran Canaria (im Barranco de Balos), das von Fachleuten mit den hochseetüchtigen Schiffen der Nordmänner verglichen wird (Wölfel sah Ähnlichkeiten zu den Schiffsdarstellungen Nordskandinaviens, z. B. Hällristninger). Ähnliche Schiffsbilder lassen sich an der südlichen Westküste Spaniens nachweisen. Neuere Untersuchungen und Rekonstruktionen (Dominique Görlitz, Abora I, II und III) ergaben, dass diese Schiffe nicht aus Holz, sondern aus Schilfbündeln gebaut waren. Damit wurde wieder einmal, wenn auch posthum, der Experimentalarchäologe Thor Heyerdahl bestätigt, der als Erster die Hochseetüchtigkeit von prähistorischen Schilfbooten unter Beweis stellte (Ra II, Tigris). Auf El Hierro sind an mindestens drei Stellen (La Caleta, El Julan, Barranco del Cuervo) deutlich Ankerzeichen zu sehen.
Bei der Fuente de la Zarza (La Palma) findet sich die Darstellung eines Mannes in einem Boot. Solche Einbäume aus Drachenbaumholz wurden noch von den Konquistadoren bei den Eingeborenen gesehen.

Schiffs- und Bootsdarstellungen
Links: Barranco de Balos, Gran Canaria;
Mitte: El Julan, El Hierro; Rechts: Fuente de la Zarza, La Palma

Der sehr zuverlässige Chronist Leonardo Torriani, ein italienischer Ingenieur und Festungsbaumeister, beschreibt (1590) die Schiffahrt der Altkanarier so: »Sie machten auch Barken aus dem Drachenbaum, den sie im ganzen aushöhlten, wenn dann der Anker aus Stein dran war, schifften sie mit Rudern und Segeln aus Palmblatt um die Küsten der Inseln. Sie pflegten auch zuweilen (von Gran Canaria aus) nach Teneriffa und Fuerteventura hinüberzufahren, um zu rauben. Durch diese Schiffahrt hatten sie Ähnlichkeiten mit den anderen Inseln, sowohl in der Sprache wie in einigen Sitten, wie sie von Fuerteventura gesagt wurde, die sie in der Gerechtigkeit nachahmten.«

Im Zusammenhang mit der Seefahrt muss auch ein typisches Begräbnisritual betrachtet werden: Viele Mumien wurden auf Holzplanken (zumeist Tea, d. h. die kanarische Kiefer) geschnallt. Eine Erinnerung an frühere Zeiten? Ähnlichkeiten zu den sogenannten »Totenschiffen« der alten Skandinavier, Normannen und Wikinger sind nicht von der Hand zu weisen.

Die Altkanarier galten (im Gegensatz zu den heutigen, eher wasserscheuen Spaniern) als ausgezeichnete Schwimmer, wie zahlreiche Legenden und Überlieferungen berichten: Männer, Frauen und Kinder (!) schwammen z. B. zum kollektiven Fischfang aufs offene Meer hinaus und trieben Fischschwärme in die Buchten, wo die Fische entweder mit Wurfnetzen gefangen, mit Stöcken und Lanzen getötet oder mit dem Saft der Euphorbie, eines bestimmten Wolfsmilchgewächses, betäubt wurden, um sie dann »handverlesen« einzusammeln.

Diese Leute haben auch von den Bergen aus (die zumeist heilige Plätze waren) die anderen Inseln gesehen. Z. B. sieht man von vielen Felsbildstationen La Palmas aus El Hierro, La Gomera (mit dem heiligen Tafelberg »Fortaleza de Chipude«) und Teneriffa mit dem sanft geschwungenen Teide. Alle Inseln in Sichtweite! Mit Sicherheit haben diese anderen Gestade gelockt und die Inselbewohner zu gegenseitigen Besuchen veranlasst – wie die Inseln ursprünglich ja auch nacheinander entdeckt und besiedelt wurden. Dafür sprechen viele Beweise: die gemeinsame Sprache, Bild- und Schriftzeichen, Religion, Sport und Werkzeugtechnologie, nicht zuletzt auch der vielen Inseln gemeinsame Anteil an cromagnoider präspanischer Bevölkerung.

Die Altkanarier scheinen Auswanderer zu sein, Randgruppen einer atlantischen Westkultur, deren Zentrum (wenn es eines gab!) vergangen oder versunken ist, von denen man überall an den Ostküsten Amerikas und den Westküsten Europas und Afrikas inkl. den Küsten und Inseln des Mittelmeeres Spuren entdecken kann; weniger Versprengte als vielmehr friedliche Kolonisatoren, die dadurch für uns zu Zeugen einer urzeitlichen, wenig bekannten Kultur geworden sind – nämlich unserer eigenen aus längst vergessener Vergangenheit.

Sehen wir uns daher einmal genauer die Meeresströmungen im Atlantik an: Das Meer rings um die Kanarischen Inseln wird hauptsächlich von einem Wind beherrscht – dem Passat, der den Kanarenstrom nach Südwesten vorwärts treibt und den Inseln Kühle und Feuchtigkeit bringt. In ihm befindet sich logischerweise auch die Schiffahrtslinie Cádiz–Teneriffa. Die heutigen Schiffe folgen der alten Spur, auf der schon Phönizier und Griechen, Karthager und Römer, Normannen, Flamen, Basken, Bretonen, Portugiesen und die spanischen Konquistadoren fuhren.

Neben diesem dominierenden Wind gibt es den Calima, den heißen Saharawind, der gelegentlich kräftig aus der östlichen Sahelzone auf die Ostinseln und weiter noch bläst. Er ist selten, aber zumeist recht unangenehm, brennt, trocknet aus, bringt Staub und Heuschreckenplagen mit sich – kein ideales Wetter zum Reisen. König Juby von Mauretanien bekam das zu spüren, als er seine erste und zugleich letzte Expedition nach Gran Canaria als »nicht lohnend« bezeichnete. Mehr noch: Er riet regelrecht davon ab, die Kanarischen Inseln aufzusuchen, weil es dort »schrecklich große Hunde« gebe. Seitdem ist – von einigen Seeräuberschiffen abgesehen – wenig Nennenswertes von östlicher Seite aus passiert. Es ist in diesem Zusammenhang übrigens bemerkenswert, dass nie eine Islamisierung stattfand.

Thor Heyerdahl, der 1970 wie König Juby von Kap Juby aus mit seiner »Ra« in See stach, erreichte die Kanarischen Inseln jedenfalls nicht: »... Eine Woche hatten wir hart gearbeitet, um vom Land wegzusteuern, und hier passierten wir Kap Juby mit dem Strom, nur einen Büchsenschuss entfernt... Wir hatten die Kanarischen Inseln bei schlechtem Wetter passiert, ohne Land zu sehen...« Statt dessen landete er in Barbados, was nebenbei gesagt »die Bärtigen« heißt.

Es ist heute schwer und war es früher, als die Kunst des Kreuzens unbekannt war, sicher nicht minder, von Marokko aus in einem einfachen Boot die Kanarischen Inseln zu erreichen. Von der Straße von Gibraltar aus geht es leichter. Und am bequemsten eben in jenem Wind, der, Passat genannt, Kolumbus und all die namenlosen anderen Seefahrer vor und nach ihm zu den Inseln trieb.

Bei unserem Terra-X-Experiment, das wir 1990 im Auftrag des ZDF durchführen konnten, haben wir den historischen Dreimaster »Thor Heyerdahl« unter Kapitän Detlef Soitzek gegen den Wind, von Afrika kommend, in Richtung Gran Canaria ankreuzen lassen. Das Schiff hatte schwer gegen Sturm und Meeresströmung anzukämpfen. Ein primitiveres Boot wäre bei diesen Wetterverhältnissen wahrscheinlich in Seenot geraten oder gesunken.

Mit solchen Schilfbooten können sie die Kanaren erreicht haben...

All dies spricht deutlich gegen die Inselbertheorie und für eine Besiedlung aus nördlicheren Zonen, wobei die nordwestlichste Insel La Palma eine auffallende Schlüsselposition einnimmt: Hier sind die meisten Spuren der atlantischen Völker zu finden, megalithische Petroglyphen, die älter wirken als auf den übrigen Inseln, ein besonders hoher Anteil an nordcrolmag-

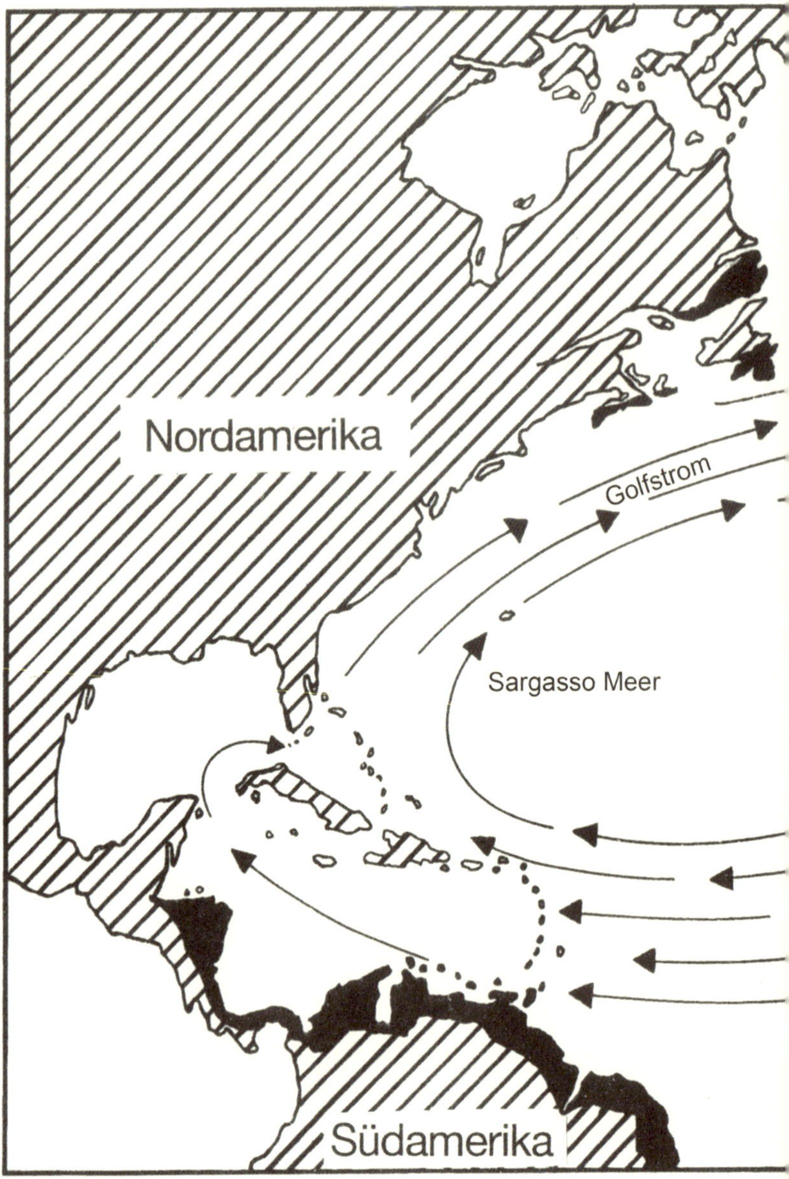
Nordamerika
Golfstrom
Sargasso Meer
Südamerika

Grönland

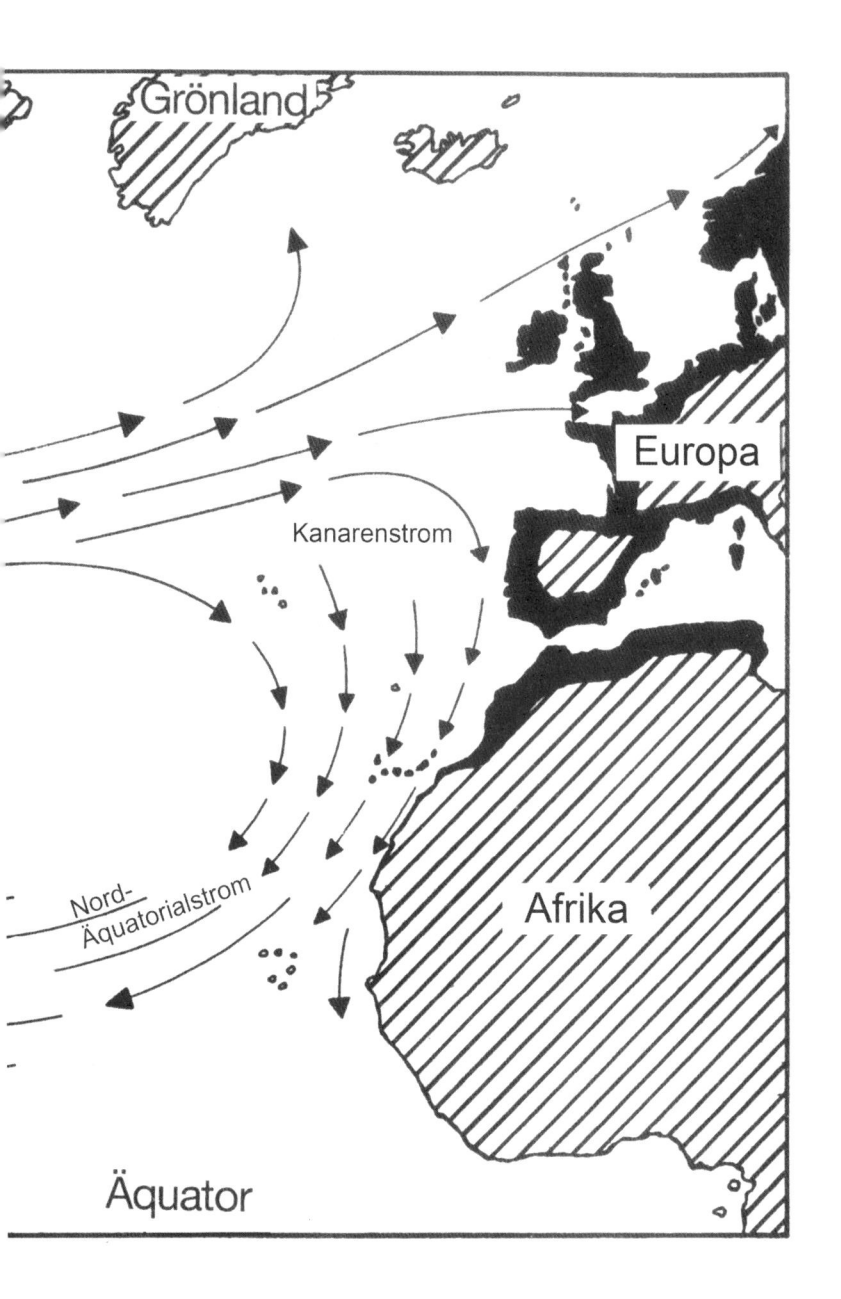

Europa

Kanarenstrom

Nord-Äquatorialstrom

Afrika

Äquator

noider Bevölkerung und eine Formensprache, die neben Westeuropäischem viel Südamerikanisches und wenig Afrikanisches verrät. La Palma beansprucht daher auch den größten Raum bei den Ortsbeschreibungen.

Schon ein Blick auf die Land- bzw. Seekarte verrät viel über Ankerplätze und mögliche Anlandungen. Da gibt es im Norden die Costa de Franceses nebst einem gleichnamigen Dorf und einer großen Schlucht »Barranco de los Hombres« (Schlucht der Menschen), die Prois de Gallego (Galizier) und im Nordwesten die Callao de Portugueses sowie einen kleinen Hafen nahe Garafía unterhalb der Ruinen der alten Kultpyramide El Calvario. Bezeichnenderweise heißt die kleine dort vorgelagerte Insel »Roque de Guincho« (Guanchenfelsen). Im Westen liegt der Hafen von Tazacorte (Zugang zur Caldera de Taburiente und zum Aridane-Tal). Die nächsten Ankerplätze (Puerto Naos und Charco Verde) liegen nahe dem zweiten »Barranco de los Hombres« der Insel. Die Ankerplätze der Ostküste sind dagegen – bis auf den relativ neuen, künstlichen Hafen von Santa Cruz – äußerst schlecht. Die spanischen Archäologen, die wegen ihrer Fixierung auf die Inselbertheorie an eine Erstbesiedlung der Ostküste glauben, sind wohl selten mit dem Boot unterwegs gewesen, sonst würden sie wissen, dass es nahezu unmöglich ist, dort zu landen – es sei denn, man zerschellt nachts an den Klippen. Von daher wundert es auch nicht, dass sich an der Ostküste sehr wenige Felsbildstationen befinden. Ihre Konzentration (und zugleich größte vorzeitliche Besiedlungsdichte) findet sich eindeutig im Nordwesten, Westen, Südwesten und Süden La Palmas.

Auf gewisse Weise trifft diese Struktur auf alle Kanarischen Inseln zu, denn die Kanaren liegen nun einmal im Passat und seinen Ausläufern. Ihre Geschichte zu schreiben heißt vor allem den Charakter von Wind und Meeresströmung zu begreifen. Wer einmal tagelang auf dem Flugplatz warten musste, weil bei heftigem Calima keine Maschinen starten können, versteht die Zusammenhänge auch in unserer heutigen modernen Zeit noch recht gut.

Zuvor aber sollten wir noch einige bemerkenswerte Details aus dem Leben der Inselbewohner genauer betrachten.

So lebten die Altkanarier

Behausungen

Aufgrund ihrer geologischen Beschaffenheit weisen die Kanarischen Inseln Zehntausende von natürlichen Höhlen auf (vulkanische Gasblasen), von denen sich viele zum Bewohnen anbieten. Wo dies weniger der Fall ist (Fuerteventura, Lanzarote) oder wo die Bevölkerung im Laufe der Zeit sprunghaft anwuchs (Gran Canaria, Teneriffa), kamen künstlich ausgehobene Erdhöhlen (Casas Hondas) oder einfache Rundhäuser aus Trockensteinmauern hinzu. Diese Häuser waren mit Holz, Laub oder Gras abgedeckt und wiesen alle die typische Rundoval- bzw. Hufeisenform auf. Vielfach bildeten sich echte Dörfer mit einer relativ hohen Bevölkerungszahl heraus (z. B. Zonzamas auf Lanzarote).

Cueva del Tendal, Barranco de San Juan, La Palma

Als Betten dienten trockene Kräuter, zum Zudecken Felle. Bei den Wohnhöhlen findet man im Eingangsbereich sogenannte Kulturschichten mit Feuerstellen, organischem Abfall und »Hausmüll« wie Keramikscherben, Knochenreste, zerbrochenes Werkzeug, Schmuck usw. Es ist auffallend, wie viele Wohnhöhlen sic‚h im Caboco (Talschluss) von Barrancos bzw. in Quellennähe befinden.

Das Rundbauprinzip aus Trockensteinmauern hat sich trotz des spanischen Einflusses auf die Bauweise (Viereck und rechter Winkel) bei den einfachen Windmauern und Unterschlupfen der Hirten (Taros) bis in unsere Tage hinein erhalten. Vor den Höhlen und Rundhäusern befanden sich oft als Vorhalle und gemeinsamer Essplatz einfache Steinkreise (Tagorores). Auch dieses Prinzip findet sich in den späteren ummauerten Dreschplätzen wieder, die Vielfachnutzung aufweisen (Fiestas, Essen, Trinken, Rastpunkte am Prozessionsweg usw.). Zumeist spielte sich das Leben (wie heute noch) im Freien ab, Häuser und Höhlen dienten vorrangig zum Schlafen und als Vorratskammer. Eine besonders prägnante Eigenart weisen die Häuser der Ureinwohner von Gran Canaria auf: Sie bilden in der Außenform einen runden oder elliptischen Grundriss, während der Innenraum rechteckig gestuft wirkt. Hier kommt auch häufig ein kreuzförmiger Innengrundriss vor. Abgedeckt waren diese Häuser mit Stroh.

Es fällt ferner auf, dass nirgends auf den Inseln Lehmbauten errichtet wurden, wie dies in Nordafrika üblich ist (vgl. dazu z. B. die Kasbah-Berberburgen Marokkos), obgleich die Altkanarier mit dem Material sehr gut umzugehen verstanden, wie ihre ausgezeichnete Keramik beweist.

Haustiere und Ernährung

Schaf, Ziege, Hund und Schwein wurden von den Altkanariern mit hoher Wahrscheinlichkeit domestiziert eingeführt und sicherten – in Ermangelung von Wild – den Fleischanteil der Nahrung. Das Schwein galt als heilig; Sauzähne finden sich vielerorts als Grabbeigabe. Auch kastrierte Hunde (Bardinos, eine Art braun-schwarz gefleckter Boxer) wurden verspeist. Ansonsten bereicherte das Meer die Ernährung: Fische, Muscheln und Seeschnecken (daher die meist riesigen Schalenberge, Concheros, die man selbst noch auf hohen Bergen findet). Ferner wurden Pilze und Wurzeln (besonders Farnwurzeln, aus dem das gemahlene und geröstete »Gofio« stammte), Käse, Butter, Honig, Samenkörner und Waldfrüchte wie Erdbeeren, Brombeeren, schwarze Beeren (Mocán), Datteln, Feigen und Bohnen sowie bestimmte Frischkräuter verspeist. Diese Art von Speiseplan kann – selbst nach heutigen Maßstäben – als außerordentlich ausgewogen und gesund bezeichnet werden. Noch heute ernährt sich ein Teil der ärmeren ländlichen Bevölkerung auf diese Weise. Zum Trinken diente Wasser bzw. Milch, wahrscheinlich auch Tee aus getrockneten Kräutern (z. B. Schachtelhalm). Alkoholische Getränke waren unbekannt.

Nutztiere wie Rind, Esel, Pferd und Kamel waren den Altkanariern unbekannt und wurden erst in spanischer Zeit eingeführt – auch dies stellt einen deutlichen Kontrast zu Nordafrika dar, wo diese Tiere schon seit mehreren tausend Jahren im Einsatz waren, wie Felsbilder beweisen. In Ermangelung solcher Zugtiere war auch das Rad oder der von Tieren gezogene Pflug auf den Kanarischen Inseln bis zum 15. Jahrhundert unserer Zeitrechnung unbekannt.

Kleidung und Schmuck

Die Kleidung bestand aus gegerbten Ziegen- und Schaffellen (Tamarco), seltener auch (auf Gran Canaria) aus gewebten Binsen und Palmblättern. Ein echter Webstuhl war allerdings unbekannt, ebenso wurde die Schafwolle nicht gesponnen. Die Schuhe ähnelten den indianischen Ledermokassins (Maho oder Xercos genannt). Als Schmuck trugen sie Ketten aus durchbohrten Tonperlen, Muscheln, Steinen und Knochen. Es wird berichtet, dass es besondere Frisuren (bei den Adligen) und eingeflochtene Haarbänder sowie lederne Fellmützen und Federschmuck gab. Wahrscheinlich war es auch üblich, die Kleidung oder sogar die Haut zu bestimmten Anlässen mit Farbe zu bemalen bzw. farbig zu bestempeln (siehe »Pintaderas«).

Werkzeug und Hausrat

Wie bei allen Völkern der Frühzeit standen wohl auch hier Werkzeuge aus Holz zur Verfügung, von denen allerdings aufgrund der schnellen Verwitterung wenig erhalten blieb. Es wurden Schalen und anderer Hausrat aus geschnitztem Holz in sehr einfacher, aber formschöner Art gefunden. Reicher sind die Steinfunde. Es gibt auf den Kanaren ein großes Vorkommen an natürlichen Steinabschlägen (zumeist Basalt, stellenweise auch Obsidian), die als Messerklingen und Vielzweckwerkzeuge benutzt wurden, ohne dass sogenannte Faustkeile nötig gewesen wären. Größere Muldensteine wurden als Waschtrog, Mörser und Vorratsbehälter benutzt, Rundsteine zu einfachen Handmühlen bearbeitet.
Hinzu kommen Nadeln, Stichel und Ahlen aus Knochen und Gehörn, Holzgeräte (Stöcke, polierte Sprunglanzen, Bumerangs,

Diverse Gerätschaften der Ureinwohner

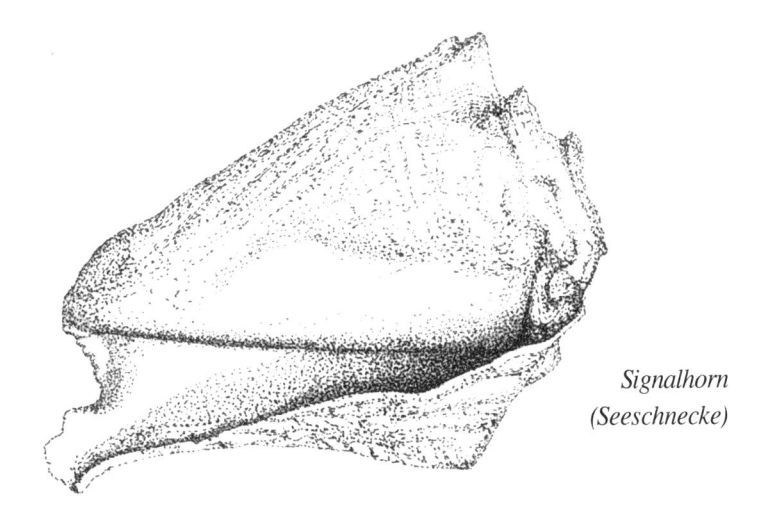

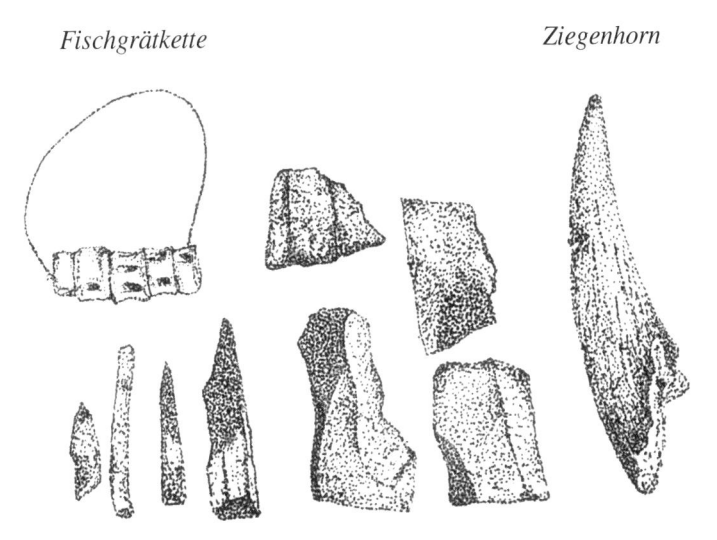

*Signalhorn
(Seeschnecke)*

Fischgrätkette   *Ziegenhorn*

Werkzeug, Basaltklingen

Kämme usw.) und Utensilien aus Leder (Taschen, Gofiosäcke) oder Binsen. Originell sind z. B. die Löffel und Schöpfkellen, die aus durchbohrten Muschelschalen mit einem hölzernen Haltegriff bestanden. Kleine Kostbarkeiten sind Schmuckstücke aus Walelfenbein. Der Atlantik um die Kanaren herum war (und ist es immer noch) ein beliebtes Aufenthaltsgebiet für die großen Meeressäuger. Hin und wieder strandete ein totes Tier an der Küste und wurde als willkommene Nahrungsergänzung bzw. zum Herstellen von Gebrauchsgegenständen genutzt.

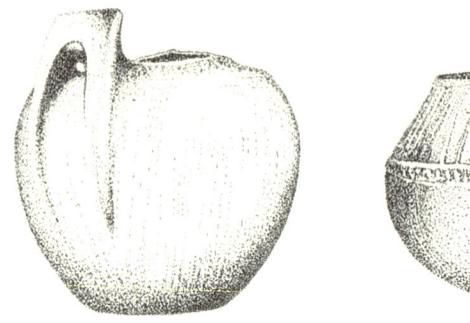

Keramik der Ureinwohner (v.l.n.r.): La Palma, Gran Canaria, Fuerteventura, Teneriffa

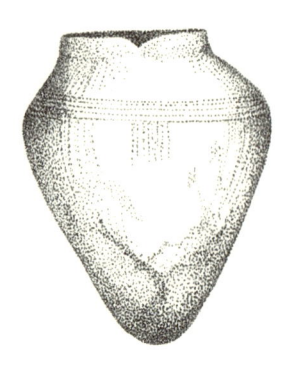

Keramiktopf, Gran Canaria

Die Keramik entwickelte sich aufgrund des quantitativ und qualitativ auf den Inseln unterschiedlich verteilten Lehmvorkommens: elegant und vom Dekor her ausgereift auf La Palma, Gran Canaria, Lanzarote und Fuerteventura, wesentlich primitiver auf El Hierro, La Gomera und Teneriffa.

Mühlstein, La Palma    *Handmühle, Teneriffa*

Die Töpferscheibe war unbekannt; alle Gefäße wurden (und werden noch heute in gleicher Tradition) handgeformt. Zum Verzieren der Tongefäße wurden Knochennadeln und Holzstückchen verwendet, zum Glätten runde Kiesel, sogenannte Glättsteine. Man versucht seit einiger Zeit, eine zeitliche Systematik aufgrund aufgefundener Keramikreste in die kanarische Töpferkultur zu bringen. Die Versuche sind allerdings sehr umstritten, da die unterschiedlichsten Dekors nahezu in allen Schichten, manchmal sogar dicht beieinander an der Erdoberfläche vorkommen, was darauf hinweist, dass sich diverse Muster und Verarbeitungsmethoden sehr lange Zeit hielten und immer wieder Verwendung fanden.

Feuer wurde durch Drehen eines Holzstabes in trockenen Disteln entfacht. Für den Fischfang wurden geflochtene Netze aus Binsen und Palmfasern verwendet, die auch als Segel für die Schiffahrt dienten (siehe Kapitel »Wie erreichten sie..?« Seite 41).

Hölzerne Gofiomühle mit Mühlstein aus porösem Basalt

Metallwerkzeuge waren in der Steinzeitkultur der Altkanarier völlig unbekannt.

Interessante Mehrfachnutzung erfuhren die sogenannten *Pintaderas*, Tonstempel mit ästhetisch ansprechenden Mustern, die als persönliche Besitzmarken an Getreidespeichern dienten, aber auch dazu, um farbige Muster auf die Haut und die Kleidung zu stempeln. Bisher wurde nicht eine Pintadera gefunden, die einer anderen gleicht, obgleich ihre Gesamtmenge erstaunlich groß ist (siehe Anmerkung 3).

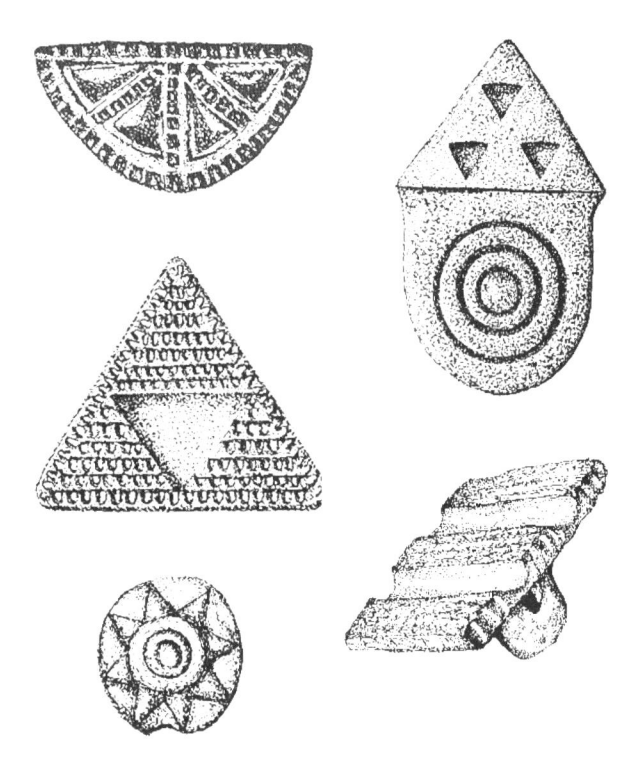

Pintaderas – Tonsiegel mit diversen Mustern, Gran Canaria

Waffen und Kriegsführung

Die Kanarier konnten ausgesprochen zielsicher werfen (und können es immer noch). Scharfe, schneidende Steine (Tabonas) dienten als Messer im Nahkampf, wobei Holzschilde als Körperschutz fungierten. Ferner gab es hölzerne Schwerter und Wurfspeere (Banot, Magado, Moca, Tezzes) in verschiedener Ausführung. Bumerangs dienten nie als Waffe, sondern als schamanisches Kultobjekt. Dafür wurden in Leder gehüllte Wurfsteine und Schleuderhölzer verwendet. Pfeil und Bogen waren unbekannt. Die Altkanarier galten als schnelle Läufer und kräftige Ringer. Ihr Mut, ihre Unerschrockenheit und Geschicklichkeit im Kampf wurden von den Eroberern gerühmt und gefürchtet, wobei die Frauen keine Ausnahme machten: In den Chroniken wird von Kriegerinnen berichtet, die sich in den Reihen der Kämpfer befanden. Die Kriegstechnik insgesamt kann mit den Gewohnheiten der indianischen und germanischen Stämme verglichen werden.

Sport, Gesang und Tanz

Hier gilt es besonders den Ringkampf (Lucha Canaria) zu nennen, der Parallelen zu alten ägyptischen, irischen und schottischen Sportarten aufweist, ferner die Wettkämpfe im Steineheben und -werfen, Stockfechten, Stabspringen sowie Mutproben unterschiedlicher Art, z. B. Gegenstände auf besonders gefährlichen Felsen zu deponieren.
Die Altkanarier galten als gute und ausdauernde Schwimmer (was für die heutige spanische Bevölkerung nicht mehr zutrifft). Dass sie die ursprünglich von ihnen beherrschte Schiffahrt nicht weiterentwickelten, wird durch die anhaltende Be-

drängnis durch Piraten, Eroberer und Sklavenjäger erklärt, die die Altkanarier zwang, die Küstenzonen zu verlassen und weiter oben in den zerklüfteten Barrancos und in den Bergen versteckt zu leben.

Sie waren begeisterte Sänger und Tänzer. Wie bei jedem Steinzeitvolk wurde auch bei ihnen der Tanz rituell zelebriert, galt als Regen- bzw. Fruchtbarkeitszauber und wurde zu besonderen Festen (Beñesmen=Erntefest, Guatativoa=Gemeinschaftsschmaus usw.) aufgeführt. Diese Feste wurden aufgrund der Mondperioden berechnet, es gab aber auch solche, die auf der Beobachtung der Sonne (Wenden) und ihrer Anbetung beruhten. Von Musik und Gesang wird wenig Genaues berichtet, doch sind einige Wissenschaftler der Meinung, dass sich ein Nachklang davon noch heute in bestimmten Liedern und Tänzen (z. B. Tango herreño auf El Hierro u. a.) widerspiegelt.

Soziale Ordnung

Die Bevölkerung der Inseln gliederte sich in Sippen und Stämme, die einer strengen Hierarchie unterlagen. Neben dem einfachen Volk gab es Adlige, die ihre Privilegien nicht durch Geburt, sondern durch beispielhafte Lebensführung erlangten: Sie durften weder Ziegen melken noch Tiere schlachten, nicht stehlen, nicht töten (außer im Krieg), nicht lügen oder sich despektierlich gegenüber Frauen benehmen. Konnte ein Mann solche Eigenschaften gegenüber dem Stamm nachweisen (es wurde vom Richter, Priester bzw. der Priesterin überprüft), so bekam er einen »Pagenschnitt« – diese Frisur wies ihn fortan als Adligen aus. Typische Aufgaben der Adligen waren: Priester (Faycan), Richter (Fayacan), Kapitän bzw. Ratgeber (Gaire, Sigone). Auf Teneriffa gab es die Einteilung in Mencey (König), Achimencey (Stellvertreter des Königs), Achiciquitza (Adlige) und Achicaxna (Nichtadlige). Die Adligen untereinander wählten in der Ratsversammlung ihren König (Guanarteme auf Gran Canaria bzw. Mencey auf Teneriffa und La Palma). Zur Zeit der Eroberung der Inseln durch die Normannen und Spanier existierten insgesamt 31 Königreiche auf den Inseln:

Insel	Guanchenname	Stamm	König
Lanzarote	Titeroygatra	Maho	Guadarfia
Fuerteventura	Erbani	Maxorata	Guize
		Jandia	Ayoze
Gran Canaria	Tamarán	Gáldar	Thenesor
		Telde	Semidan
			Doramas
El Hierro	Esero	Bimbache	Armiche
La Gomera	Gomera	Agana	Alguabozegue
		Hipalan	Alhagal
		Mulagua	Aberbequeye
		Orone	Masegue
Teneriffa	Achinet	Anaga	Beneharo II
		Tegueste	Tegueste II
		Tacoronte	Acaymo
		Taoro	Bencomo/Bentor

		Icod/Daute	Pelicar
		Adeje	Rosmen
		Abona	Pelinor
		Güímar	Atnoxa, Zebenzui
La Palma	Benahoare	Aridane	Mayantigo
		Tihuya	Echedey
		Tamanca	Echentive
		Ahenguareme	Ayucahe
		Tigalate	Jarigua/Gareagua
		Tedote	Bentacayce
		Tenegua	Atabara
		Adeyahamen	Bediesta
		Tagaragre	Temiaba
		Tagalguen	Bediesta
		Hiscaguan	Atogmatoma
		Aceró	Tanausú

Politische Organisation

Lanzarote: nach langen Kämpfen unter der Führung eines Königs geeint.
Fuerteventura: zwei befeindete Stämme, Königreiche durch gigantische Megalithmauer getrennt.
Gran Canaria: Doppelkönigtum, beide Könige regierten abwechselnd bzw. in Abstimmung.
El Hierro: Alleinherrschaft eines Königs.
La Gomera: vier Stämme, in zwei miteinander befeindete Parteien gespalten.

Teneriffa: Hochkönig: Bencomo von Taoro. Bei der spanischen Invasion trennten sich die neun Stämme in die sogenannten Kriegs- bzw. Friedensparteien, einige blieben neutral.

La Palma: Hochkönig: Atogmatoma von Hiscaguan. Tanausú von Aceró (Caldera de Taburiente) leistete als letzter Mencey den Spaniern Widerstand und ging als Rebellenführer und Volksheld in die Chroniken ein.

Das Doppelkönigtum nahm auf manchen Inseln groteske Formen an: Neben dem lebenden Herrscher regierte der mumifizierte Vorgänger und wurde bei allen wichtigen Entscheidungen mit in den großen Rat (Tagoror) gebracht. Starb nun der lebende Herrscher, so nahm er als Mumie den Platz seines Vorgängers ein, während die überflüssige Mumie des Ahnherrn endgültig beigesetzt wurde. Die Form der »Mumienbefragung« war auch noch lange nach der Christianisierung üblich. Es wird berichtet, dass streitende Parteien ihre mumifizierten Ahnen als Zeugen mit in den Gerichtssaal brachten.

Auf Teneriffa und La Palma wurden die Hochkönige von den übrigen Menceys gewählt und regierten über die gesamten jeweiligen Inseln. Es wird berichtet (und einige wenige Spuren, z. B. bei Garafía auf La Palma, weisen darauf hin), dass sie ihr Amt – das zumeist auch ein religiöses war – vor bzw. auf großen runden Steinpyramiden ausübten. Man hat ferner besondere Königsgräber entdeckt (z. B. La Guancha bei Gáldar, Gran Canaria), Palastruinen (z.B. Zonzamas auf Lanzarote) oder besonders ausgestattete Höhlen, die sich aufgrund der Bodenfunde, Bemalung usw. als Sitze von Königen ausweisen (Belmaco, Cueva de Tanausú auf La Palma usw.).

Die Macht der Menceys war sehr weitreichend: Sie entschieden (in Abstimmung mit den Ratgebern, Richtern und Priesterinnen) über Recht und Gesetz, über Krieg und Frieden und die Verteilung des Landes. Normalerweise wurde gemeinsam

gefischt, das Vieh gehütet, Nahrungsmittel gesammelt bzw. geerntet (heute noch auf Gran Canaria als »junta« bzw. La Palma als »barranda« oder »gallofa« üblich. Die Weiden, »Allmenden«, sind immer noch Allgemeinbesitz). Privaten Grundbesitz gab es nicht, der Mencey verteilte jährlich den Boden neu und bemühte sich dabei um gerechten Ausgleich der Interessen.
Es sind »Jugendweihen« bekannt – spezifische Initiationsriten für Jungen und Mädchen, um sie auf ihre späteren Aufgaben im Stammesleben vorzubereiten.

Stellung der Frau

Obgleich nur Männer Adlige bzw. Menceys werden konnten, kann nicht von einem reinen Patriarchat gesprochen werden. Vielmehr waren matriarchalische Elemente sehr stark auf den Inseln verbreitet, was sich nicht nur in der Religionsausübung ausdrückte (Urmutterverehrung, Quellenheiligtümer usw.). Die Frau war in der Gesellschaftsordnung der Altkanarier außerordentlich geachtet, zumindest aber den Männern in vieler Hinsicht gleichgestellt, wenn nicht überlegen (Kriegerinnen, Keramikproduktion, Erbfolge in mütterlicher Linie u. a.). Auf allen Inseln wird von weisen Heilfrauen, Seherinnen und Priesterinnen berichtet, die dem Mencey als Beraterinnen dienten, oft sogar bei wichtigen Entscheidungen mit ihrer Stimme den Ausschlag gaben. Als Beispiel sollen hier Tamonante und Tibiabin von Fuerteventura genannt werden, Richterin die eine, Hohepriesterin die andere – zwei weise Frauen, die aufgrund ihres großen Wissens, ihrer hellseherischen Fähigkeiten und der geschickten Diplomatie, mit der sie das Inselvolk aus einem nutzlosen, weil von vornherein (wegen der Ungleichheit der Waffen) zum Scheitern verurteilten Krieg gegen die fremden

Besatzer heraushielten, in die Chroniken eingingen. Wölfel vergleicht die dominierenden Frauengestalten der altkanarischen Geschichte mit den altnordischen Wala-Gestalten, die ebenfalls direkt oder aus dem Hintergrund die Geschicke des Volkes lenkten – oft gegen den Willen des jeweils amtierenden Königs.
Interessant ist in diesem Zusammenhang, dass es auf einigen Inseln regelrechte Nonnenklöster gab (z. B. die sogenannten »Tamogantes« auf Gran Canaria, von denen das Cenobio de Valerón und die Montaña de las Cuatro Puertas die eindrucksvollsten sind), in denen junge Frauen (Harimaguadas) für eine gewisse Zeit als Wächterinnen über die Kornkammern lebten, beteten und religiöse Feierlichkeiten für die höchste Gottheit Abora ausrichteten. Diese geweihten Jungfrauen verließen die Klostergemeinschaft, um Adlige und Menceys zu heiraten, d. h., sie erreichten größtes Ansehen in der höchsten gesellschaftlichen Schicht.
Gewiss, es gab romantische Vorstellungen über die Rolle der Frau und gibt sie heute noch, jedoch sprechen die glaubwürdigen Chroniken und die konkreten Funde, die Rückschlüsse auf die realen Lebensgewohnheiten zulassen, eine deutliche Sprache. Dies alles und die erstaunlich dualistische Abgestimmtheit der religiösen Rituale (s. d.) lässt uns von einer emanzipatorisch ausgewogenen Gesellschaftsordnung sprechen, wie sie in der Steinzeit der atlantischen Westkulturen üblich, gemessen an den heutigen Verhältnissen jedoch bemerkenswert fortschrittlich war.
Eine besondere Sitte gab es auf La Gomera: Die »Gastlichkeit des Ehebetts«. Der Mann bot dem Gast die Ehefrau an, sei es ein Familienangehöriger, ein Freund oder eine wichtige Persönlichkeit. Falls dabei ein Kind gezeugt werden sollte, wurde es wegen der weiblichen Abstammung gesellschaftlich als ein vollwertiges Mitglied anerkannt und erbberechtigt.

Blüte der heiligen Pflanze »Leña santa«
(Neochamaelea pulverulenta)

Medizin

Die medizinische Versorgung lag fast ausschließlich in den Händen weiser Heilfrauen, wobei die richtige Ernährung eine große Rolle spielte. Daneben ist eine Reihe von natürlichen, vor allem pflanzlichen Heilmitteln bekannt, die noch heute in der Volksmedizin der Kanarischen Inseln ihre Verwendung finden (Schachtelhalm, Steinbeere zur Wundbehandlung usw.). Vieles von dem alten Wissen hat sich in abgelegenen Gebieten (z. B. im Norden La Palmas, auf La Gomera und El Hierro, wo es noch heute Hexen und Kräuterfrauen gibt) erhalten.

Offenbar war bereits – wie u. a. auch in Ägypten und Peru – die Schädelbohrung (Trepanation) als Behandlung gegen Geisteskrankheiten, Epilepsie, Tumore usw. bekannt. Es wurden jedenfalls einige Schädel aufgefunden, die deutlich trepaniert sind und aufzeigen, dass die Patienten die Operation gut überlebten.

Im allgemeinen kann der Gesundheitszustand der Urbevölkerung als ausgesprochen gut bezeichnet werden (sieht man von Rheuma und Gicht einmal ab, die durch feuchtes, zugiges Höhlenleben verursacht wurden), was wohl vor allem am kanarischen Klima, aber auch an der ausgewogenen Nahrung liegt. Jedenfalls lag das Durchschnittsalter deutlich höher als bei vergleichbaren europäischen Kulturzonen. Daran hat sich bis heute – trotz spürbar zunehmender Zivilisationskrankheiten – nicht viel geändert.

Bestattungen und Mumifizierung

Ein komplizierter Themenkomplex, zu dem eine zusammenfassende Darstellung nicht leichtfällt, denn die Bestattungsgewohnheiten und Rituale waren auf den einzelnen Inseln und selbst innerhalb bestimmter Stämme unterschiedlich. Zunächst und ganz allgemein betrachtet, muss der Umgang mit Sterben und Tod ganz anders als bei uns heute gesehen werden. Es bestand ein größeres Einverständnis mit dem Tod, der als natürliche Folge des Lebens und möglicherweise als Übergangsstadium aufgefasst wurde. Es wird berichtet, dass sehr alte Leute ihrem Leben selbst ein Ende setzten, indem sie »vacaguaré« (ich möchte sterben) sagten und sich mit einer Schale vergifteter Milch in eine abgelegene Höhle zurückzogen, die nach ihrem Hinscheiden von den Angehörigen zugemauert wurde.

Selbstmorde von jungen Leuten bei drohender Niederlage im Kampf oder aus Verzweiflung werden auch erwähnt (z. B. die rituelle Selbsttötung des Mencey Bentor – Bencomos Sohn – nach der Schlacht von Acentejo auf Teneriffa durch einen Sprung von den Klippen. Eine ähnliche Begebenheit auf Gran Canaria, wo Bentegui, sein Faycan sowie beide Frauen in den Tod sprangen, und nicht zuletzt das Ende des letzten freien Menceys La Palmas – Tanausú – auf einem spanischen Schiff, als er angesichts der entschwindenden Küsten Essen und Trinken verweigerte, bis er starb).

In vielen Höhlen sind außer Höhlenbestattungen verschiedenster Art (in gefugten Steinkisten, auf Holzplanken geschnallt, Verbrennungen und Mumifizierung) auch solche in Tumuli bekannt. Es handelt sich dabei überwiegend um Einzelgräber. (Ausnahme: der Großtumulus La Guancha bei Gáldar, Gran Canaria, mit über 30 Bestattungen, u. a.)

Grundrisszeichnung des Großtumulus von La Guancha bei Gáldar, Gran Canaria

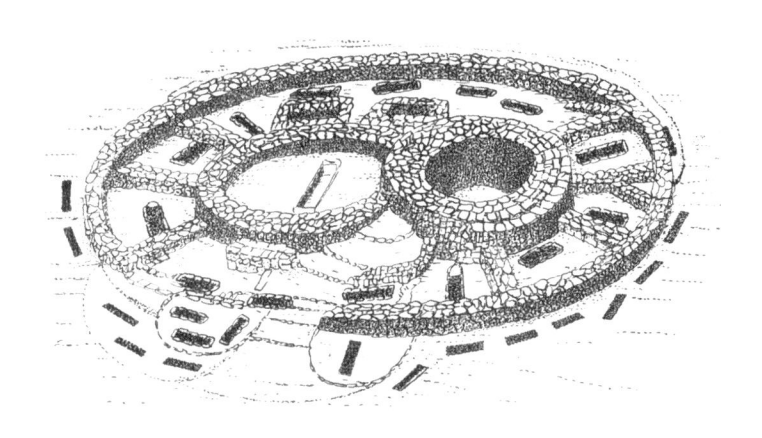

*Auf Kiefernholz geschnallte
Mumie, Teneriffa*

Die Toten wurden in ausgehobene Gruben gelegt und der Boden mit locker aufgeschichteten Steinen hügelartig abgedeckt. Auf der Halbinsel La Isleta (Gran Canaria), an den Bergheiligtümern La Gomeras und verschiedenen Stellen Teneriffas, Lanzarotes und Fuerteventuras wurden weiträumige Nekropolen mit vielen hundert Einzelbestattungen entdeckt. Auf La Gomera fügte man den Steinkreisgräbern stets aufrecht stehende, an Grabsteine erinnernde Kleinmenhire (Baetyles) bei. Daneben gab es (z. B. auf Teneriffa) riesige Höhlenfriedhöfe (Cementerios) mit zahlreichen, in aufrechter Position fixierten Leichnamen (sogenannte Trockendörrleichen). Bemerkenswert ist ferner die Tatsache, dass bei Begräbnissen übereinstimmend der Kopf nach Norden und die Füße nach Süden ausgerichtet wurden. Niemand kann erklären, woher diese uralte Sitte stammt.

Die Kunst der Mumifizierung, die gewisse Parallelen zum frühen Ägypten, Peru und Mexiko aufweist (nach Schwidetzky muss es sich bei dem kanarischen Ritus um eine Art Vorstufe zu den wesentlich komplizierteren ägyptischen und amerikanischen Sitten handeln), weist deutlich auf einen Jenseits- bzw. Wiedergeburtsglauben hin und erforderte spezielle Kenntnisse und Techniken. Der Chronist J. Abreu de Galindo berichtet (1632) darüber folgendes: »Sie brachten die Leiche (Xaxo) in eine Höhle, streckten sie auf Steinen (lajas) aus und leerten die Bäuche. Jeden Tag wuschen sie zweimal mit frischem Wasser die empfindlichen Teile, die Achselhöhlen, hinter den Ohren, die Weichen, die Stellen zwischen den Fingern, die Nasenlöcher, Hals und Handgelenke. Nachdem die Leichen gewaschen waren, rieben sie sie mit Ziegenbutter ein und füllten ihnen Pulver von Kiefer- und Heidekraut und zerriebenem Bimsstein ein, damit sie nicht verwesten.« Auch das Harz des Drachenbaumes spielte eine gewisse Rolle sowie die Fruchtsamen einer bestimmten Pflanze (Leña santa), den man häufig als Grabbeigabe findet. Auffallend ist, dass vor allem Mitglieder sozial höherer Schichten mumifiziert wurden, die sich durch eine gewisse Größe und stark ausgeprägten, leptosomen Körperbau von der übrigen Bevölkerung unterschieden, wobei ihr Reichtum ausschlaggebend dafür war, ob ihnen die Eingeweide entfernt wurden oder nicht. Die vorhandenen und in diversen Museen der Inseln zu besichtigenden Mumien, die zum Teilnoch ausgezeichnet erhalten sind, verraten aber noch mehr über Sozialgefüge, Glauben und Lebensweise der Ureinwohner: Die angesehene Führungsschicht der Inseln bestand vorrangig aus einem sehr großen cromagnoiden Menschentypus. Die Paarungssiebung (Bevorzugung bestimmter Frauen durch sozial höherstehende Männer) weist daraufhin, dass große, kräftige, blonde Altkanarier der Oberschicht zartgesichtige, mehr mediterran ausgeprägte Frauen bevorzugten. Die zahlreichen, oft sehr formschönen Grabbeigaben (Schmuck, Lederkleidung, Binsenmatten, Keramik, Trinkschalen, die bestimmt einmal gefüllt waren, sowie Samenkörner, Muschelschalen und auch Reste von Nahrungsmitteln) weisen darauf hin, was den Lebenden einst wichtig und teuer war.

Wenn man eine Grabhöhle betritt, so fällt auf, dass sich im vorderen Bereich der Anlage oft große Mengen zertrümmerter Keramikgefäße befinden. Es ist anzunehmen, dass das Zerschlagen von Gefäßen (wie es ähnlich bei unserem »Polterabend« passiert) ein Bestandteil der Begräbniszeremonie war.

Was die Zeitbestimmung durch die Radiocarbon-C-14-Methode anbelangt, so wäre als bisher ältester Fund das Skelett eines Mannes aus einer Höhle bei Tijarafe, La Palma, zu nennen: 240 v. Chr. In diesem Zusammenhang muss allerdings noch einmal deutlich darauf hingewiesen werden, dass die Inseln (besonders die Westinseln La Palma, La Gomera, El Hierro und

Teneriffa) in der winterlichen Regenzeit außerordentlich feucht sind und erheblichen Temperaturschwankungen unterliegen, was den natürlichen Verwitterungsprozess beschleunigt.

Religion

Von einigen inselspezifischen Besonderheiten abgesehen, stellt sich uns der Glaube der Altkanarier in einheitlicher Struktur dar: Sie verehrten eine einzige oberste Gottheit, die sich dualistisch zum einen in ein gutes und ein böses Prinzip aufteilt, zum anderen in männlich-weiblich trennt. Die gute Kraft hieß Abora und wurde stellvertretend in einer Urmutter (Moneiba) bzw. einem Urvater (Eraorahan) verehrt. Wahrscheinlich wurde Moneiba, die eindeutig in Verbindung zur Erde, zu Höhlen und Quellen steht, mehr von den Frauen kultisch angebetet; Eraorahan, dem Berggipfel und phallische Menhire zugeordnet wurden, dagegen mehr von den Männern.
Wir finden Quellenheiligtümer (besonders auf La Palma), die vielfach mit Felsgravuren imagisiert wurden, daneben aber auch Bergkulte wie z. B. die Idafe-Verehrung (siehe Ortsbeschreibung La Palma), die ausschließlich von Männern zelebriert wurden. Auf La Gomera überwiegen die Bergheiligtümer (Fortaleza = Plätze der Macht). Auf El Hierro finden wir beide Kulte ausgewogen nebeneinander (Santillos de los Antiguos, El Julan, Garoé). Dort wurden, wie auf den übrigen Inseln auch, Regen- und Fruchtbarkeitstänze durchgeführt.
Dem guten Prinzip stand das Böse in Form des Guayote gegenüber. Sein Sitz war im Teide und mehr oder weniger in jedem Vulkan. Merkwürdigerweise wurde diese böse Gegenmacht zu Abora stets in Gestalt eines Hundes vorgestellt: auf Teneriffa und Gran Canaria der Guayote, auf El Hierro hieß er Hirguan,

auf La Palma Iruene. So wie die Insulaner im langen Verlauf ihrer Geschichte stets mit der Unberechenbarkeit von Vulkanausbrüchen leben mussten, so ist der Kojote aus dem Vulkan aber nicht nur schlecht, sondern diente den Menschen oft genug als Warner und helfender Bote. Um seine ambivalente Gestalt ranken sich viele Sagen und Legenden (Braem, Uden).

Im Abschnitt »atlantische Westkultur« wurde bereits einiges über die Imagisation besonders anmutiger Plätze für die Religionsausübung und die generelle Haltung der Ureinwohner gegenüber der als belebt vorgestellten Natur ausgeführt. In diesem Zusammenhang ist besonders auf die Funktion der »Seelensteine« hinzuweisen. Als »Seelen- oder Ahnenstein« kamen alle exponiert gelegenen oder durch ihre Form auffallenden Felsen in Frage. Dorthin wurden Opfer (Milch, Butter, Eingeweide von Tieren) gebracht, und die Adoranten (Anbeter) konnten beobachten, wie ihre Gaben von den »Seelenvögeln«, den Raben und Krähen, Falken, Adlern und Geiern, die man sich als Reinkarnation der Seelen verstorbener Ahnen vorstellte, angenommen wurden. Kleine, sehr formschöne »Seelenvögel« aus Ton hat man auf Gran Canaria und anderenorts gefunden.

Es gibt neben den belebten Felsen aber auch kleinere, künstlerisch bearbeitete Menhire, denen die gleiche Funktion zukam (z. B. der rote »Seelenstein« von El Calvario, La Palma). Ähnlich vergleichbaren Funden an der nordwesteuropäischen Atlantikküste, auf Korsika, Malta und den Balearen weisen sie gebohrte Augen- und Mundöffnungen auf, aus denen der Blick austreten bzw. der Atem ein- und ausströmen kann.

Auf die Urmutterplastik von Tara (Gran Canaria) wurde bereits hingewiesen. Es gibt sie in zahlreichen Varianten, oft auch bisexuell gestaltet, wie dies im steinzeitlichen Europa häufig der Fall war. Besonders erwähnenswert ist die »Urmutter von Zarcita«, eine groß angelegte Felsgravur neben dem Altar eines

Der »Seelenstein« von El Calvario bei Garafía, La Palma

Quellenheiligtums auf La Palma. Sie weist einen nackten Oberkörper nebst Glockenrock auf, wie es in den Megalithkulturen des Mittelmeerraums (z. B. Kreta) typisch war. Ihr Kopf (auch dafür gibt es Hunderte von Parallelen aus der europäischen Steinzeit) ähnelt sehr einem Insekt (siehe Anmerkung 4).

Wie wir aus Chroniken wissen, oblagen die Durchführung und Ausgestaltung der religiösen Kulte vor allem den Priesterinnen (z. B. den Harimaguadas Gran Canarias). Es hat aber auch männliche Schamanen mit bestimmten Aufgaben gegeben (siehe »Idafe« auf La Palma, »Efequenes« auf Fuerteventura, »Que-

seras« auf Lanzarote, »Almogarenes« auf Gran Canaria und El Hierro usw.). Eine davon war vermutlich die Ausdeutung der heiligen Zeichen (Taras) für die übrige Bevölkerung.
Der Anteil der weiblichen »Amtsträger«, der Priesterinnen, Seherinnen, Hexen und Heilfrauen war auf allen Inseln sehr hoch. Ihren Voraussagen ordneten sich ganze Stämme und selbst die herrschenden Könige unter. Dies alles weist auf eine dualistisch-emanzipatorische, noch stark vom Mutterrecht geprägte Kultur hin, obgleich wir uns durch die vielen Funde in dieser Hinsicht nicht täuschen lassen dürfen. Schließlich gibt es auch in unserem, römisch-katholisch geprägten Kulturkreis allerorten Marien- und Mutter-Gottes-Figuren, ohne dass wir daraus den Schluss ziehen dürfen, unsere Jetztzeit sei – was die Emanzipation anbelangt – wohltuend harmonisch ausgewogen.
Eine Schlussbemerkung zum Thema Religion halte ich für angebracht: Wie in vielen Teilen der christlichen Welt hat die Kirche es als eine ihrer dringlichsten Aufgaben angesehen, »heidnische« Plätze zu weihen, d. h. im Sinne des neuen Glaubens umzufunktionieren – denken wir nur an die zu christlichen Hochkreuzen umgewandelten keltischen Menhire Irlands und der Bretagne usw. Die Kenntnis dieser Gepflogenheit hilft (wie überall) auch auf den Kanarischen Inseln, urzeitliche Heiligtümer aufzuspüren. Man kann beinahe sicher sein, dass sich in der Nähe eines Kalvarienberges, einer Kapelle oder eines Prozessionsweges stets Reste von Kultplätzen der Ureinwohner finden. Dem aufmerksamen Wanderer, der die oft kaum erkennbaren Zeichen zu deuten weiß, wird auf diese Weise mit hoher Wahrscheinlichkeit noch so manch schöne Entdeckung gelingen. Es ist zu hoffen, dass er dem Ort dann aber auch die gleiche Achtung entgegenbringt, die für uns einem griechischen Tempel, einer mittelalterlichen Basilika oder z. B. dem Kölner Dom gegenüber angebracht und selbstverständlich ist.

Sprache

Die meisten Chronisten berichten davon, dass auf den Inseln ein und dieselbe Sprache gesprochen wurde, wenn auch in zahlreichen lokalen Dialekten. Von dieser Sprache sind uns in Ermangelung echter schriftlicher Dokumente nur wenige Bruchstücke erhalten, vor allem Eigennamen, Ortsbezeichnungen und Begriffe aus dem ländlichen Leben, die sich bis heute gehalten haben. Daraus Rückschlüsse auf den ursprünglichen Sprachcharakter, die Herkunft und die mehrtausendjährige Entwicklung zu ziehen, ist kaum möglich. Zwar behaupten einige Wissenschaftler, einzelne Worte besäßen Verwandtschaft mit alten Berberdialekten, seien also möglicherweise pränumidisch, aber dies erscheint recht spekulativ, denn andere Fachleute sehen eine viel engere etymologische Verwandtschaft zum Ketschua und dem Karaibisch der mittel- und südamerikanischen Indianerstämme. Wieder andere halten sogar eine Herleitung aus dem Frühgermanischen (Wandalen und Goten) für möglich.

2005 wurde eine aufsehenerregende Entdeckung gemacht: Viele Worte und Eigennamen der Guanchen stimmen verblüffend mit Dravida überein. Dravida ist eine mit ca. 100 Millionen Menschen relativ große Sprachfamilie in Mittel- und Südindien. Die Träger dieser Sprache wanderten vor oder kurz nach den Ariern ein. Uralte Wurzeln also der indogermanischen Sprachfamilie (Turismo de Canarias, Teneriffa 2005).

Wir müssen uns auf die Überlieferung der Chronisten verlassen und darauf, dass sie die einheimischen Worte richtig verstanden und nicht zu sehr ins Spanische verballhornt haben. Im Anhang befindet sich ein kleines Guanchenlexikon.

Erwähnenswert ist ferner »El Silbo«, eine Pfeifsprache, die sich speziell auf La Gomera entwickelte und zur Fernkommunikation über breite Schluchten hinweg diente. Dabei werden bestimmte

Finger so in den Mund geschoben, dass unterschiedlich modulierte Pfeiflaute entstehen, die in der Kombination eine differenzierte Unterhaltung über große Distanzen ermöglichen. Das Telefon hat zwar »El Silbo« überflüssig gemacht, doch wird die Pfeifsprache noch heute von Einheimischen benutzt und seit ein paar Jahren sogar in der Grundschule gelehrt. Die einzige Parallele in der Welt dazu findet sich übrigens bei den Indiohirten in Mexiko.

Felsbilder und Schrift

In der Fachwelt kursieren für Felsbilder die unterschiedlichsten, zum Teil Verwirrung stiftenden Bezeichnungen: Petroglyphen, Hieroglyphen, Piktogramme, Felsgravuren, Punzungen, Arte Rupestre, Grabados, Inscriptioni, Grafitti. Auf einen Nenner gebracht, handelt es sich dabei stets um Bedeutungszeichen, die zumeist in den Fels graviert (gepunzt), selten (z. B. auf Gran Canaria) farbig ausgeschmückt bzw. gemalt wurden. Das einheimische Wort »Tara« steht für »Erinnerung«. Alle Felsbilder der Kanaren (und der übrigen Welt) sind von ihrem Charakter her Erinnerungszeichen, nie Dekoration oder willkürliche Ausschmückung.

Wir finden auf den Kanarischen Inseln sechs unterschiedliche und zeitlich aufeinanderfolgende Arten von Felsbildern:

1. *Bildzeichen* (Interpretationszeichen): Spiralen, Labyrinthe, Wellenkreise, Mäander, Augenpaare, Sonnen- und Strahlenzeichen, komplizierte Rundmuster als sogenannte »megalithische Petroglyphen« der Westkultur zugeordnet sowie polymorphe Tier-, Menschen- und Götterfiguren, Adoranten usw.

2. *Ideogramme* (streng kodierte Bedeutungszeichen): einfache Kreise mit und ohne Trennstrich, Ovale, Linien, Gevierte, U-Formen, mittelmeerisch orientiert, d. h. sie lassen gewisse Vergleiche zu der frühen Schriftentwicklung des Mittelmeerraums (z. B. Kreta) zu.

3. *alphabetiforme Schriftzeichen*: möglicherweise pränumidischer Prägung, teilweise Verwandtschaft zur nordafrikanischen Tifinagh-Schrift der Berber und Tuareg, aber auch zur altiberischen Schrift; teilweise völlig unbekannt.

4. *kruziforme Symbole* (Christianisierungszeichen): selten, eigentlich nur auf La Palma bekannt (z. B. bei Breña Alta, Garafía).

5. *Hirten-Grafitti* aus historischer Zeit: Nachrichten, Weghinweise und Erinnerungszeichen, wie sie überall in Hirtenkulturen bis in jüngste Zeit hinein bekannt sind.

6. *moderne Grafitti*: Namen, Jahreszahlen, Herzen usw. von einheimischen Jugendlichen, Touristen usw.

Für unsere archäologische »Spurensicherung« sind lediglich die drei ersten Arten (allesamt Punzungen, d. h. es wurde mit besonders harten und spitzen Steinen in den Fels gehauen und graviert) von Bedeutung. Wir finden sie konzentriert auf La Palma (1 und 2), an einer einzigen Stelle (Tajodeque s. d.) auch 3, El Hierro (1-3, hier überwiegt 3), Lanzarote (nur 1), Gran Canaria (1-3, zusätzlich Maltechnik). Auf Fuerteventura, La Gomera und Teneriffa sind nur die Arten 5 und 6 bekannt. Angebliche Felsbildfunde haben sich als reines Wunschdenken romantisch veranlagter »Entdecker« herausgestellt.

Beispiele für Petroglyphen der Arten 1-3:

Links: La Pasada, La Palma; Mitte: El Julan, El Hierro; rechts: El Julan, El Hierro

Diese Zeichen sind auf La Palma immer wieder zu finden:

Götterfiguren auf La Palma:
Die sogenannte »Urmutter von Zarcita«, neben einem Altar am Quellenheiligtum. Daneben die Darstellung eines männlichen Kopfes, der erstaunlicherweise südamerikanische Züge besitzt:

Die Datierung der kanarischen Felsbilder ist in Ermangelung einer Messmethode für Stein noch immer nicht möglich, wohl aber ein Formenvergleich mit den Felsbildern anderer Fundorte, bei denen exakte C-14-Daten aus der Umgebung vorliegen.

Vergleiche zu Felsbildern anderer Gebiete:

Rechts: La Zarza, La Palma

Links unten: Boyne Valley, Irland,
Rechts unten: Pontevedra, Spanien

Valcamonica, Italien   *Barranco de Balos, G/C*
         Monte Bego, Frankreich

New Grange, Irland   *Malta*   *Zarza, La Palma*

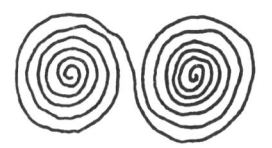

Der Charakter der kanarischen Felsbildstationen weist auf den einzelnen Inseln bestimmte typische Merkmale auf. So finden wir auf La Palma die meisten Felsbilder in der Nähe von Quellen, was darauf hindeutet, dass diese Orte besonders imagisiert wurden. Es sind aber auch einige sehr hoch gelegene Stellen bekannt (z. B. Roque de los Muchachos, La Erita am Pico de la Nieve), die nicht in Quellennähe liegen und wohl mehr die Bedeutung von exponierten Versammlungsplätzen besaßen.

Auf El Hierro befinden sich alle Felsbildstationen in unmittelbarer Nähe zur Küste. Lanzarote kann nur sehr wenige Funde vorweisen, die in »heiligen Zonen« lagen (Zonzamas). Man kann über weitere Felsbilder dort nur spekulieren, da Vulkanausbrüche weite Gebiete mit Lavaschlacke überdeckt haben.

Gran Canaria nimmt eine Sonderstellung ein. Neben den Felsbildern in Barrancos (Barranco de Balos u. a.) existiert dort auch eine ausgefeilte Maltechnik, die von der Formensprache der übrigen Inseln abweicht, weil sie geometrische Muster bevorzugt (Cueva pintada) (siehe Anmerkung 3).

Obgleich bisher einige vage Deutungsversuche für die Bildzeichen, Ideogramme und alphabetiformen Schriftzeichen vorliegen, kann keinesfalls von einer verständlichen Dechiffrierung gesprochen werden. Niemand weiß, was die vielen »Taras« eigentlich bedeuten. Uns fehlt für die Kanaren einfach ein »Stein von Rosette«, der das Geheimnis entschlüsseln helfen könnte, und es ist fraglich, ob sich ein vergleichbarer »Stein« dort jemals findet. Für die wissenschaftliche Forschung bleibt also noch viel Arbeit zu tun, und bis dahin sind die Grenzen der Phantasie offen.

Der 1992 auf Teneriffa gefundene »Stein von Zanata« mit nachträglich eingeritzten, angeblich libyschen Schriftzeichen jedenfalls kann nicht als Beweisstück gelten. Es handelt sich um eine geschickte Fälschung. Dennoch sorgte dieser »Fund« längere Zeit für eine gewisse Aufregung in Fachkreisen.

Die kanarischen Felsbilder sind ein interessantes und erstaunliches Kulturgut. Es gilt sie besonders zu schützen. Leider schreitet überall die Zerstörung voran – durch natürliche Verwitterung, mehr aber noch durch Kulturbarbarei: rücksichtsloser Straßen- und Terrassenbau, nostalgische Fremdverwendung (z. B. als Hauseckstein und im Vorgarten), archäologischer Diebstahl, gedankenlose Übermalung und bewusstes Zerkratzen (Antonio was here…). Gut erhaltene, unberührte Felsbildstationen werden immer seltener. Ich bitte um Verständnis, wenn ich daher aus berechtigter Sorge bei den Ortsbeschreibungen keine detaillierten Wanderwege, sondern lediglich ungefähre Positionen angebe.

Noch ein Wort an alle, die sich für Felsbildkunst näher interessieren und gern auf den Kanaren ein paar besonders schöne Fundstellen fotografieren möchten: Felsbilder zu fotografieren bedeutet außer Anstrengung und Schweiß (auf dem mitunter beschwerlichen Weg dorthin) vor allem Ausdauer, Geduld und starke Nerven. Generell sind Steine und Felsen schwer zu fotografieren – oft liegen die interessantesten Stellen versteckt oder im Schatten. Bei Felsbildern, die oft reichlich verwittert und kaum noch erkennbar sind, wird der richtige Umgang mit Licht und Schatten zur Kunst. Manche Bilder lassen sich nur früh morgens, andere erst am späten Nachmittag, wieder andere nur im harten Licht der Mittagssonne fotografisch erfassen. Verzichten Sie auf das Nachmalen mit Kreide oder ähnlichem! Sie zerstören so die Möglichkeit einer eventuellen späteren Datierung. Besser ist, eine Wasserflasche mitzuführen und die Felsgravuren vor der Aufnahme zu benetzen.

Auch Abreibungen bieten sich an. Dazu brauchen Sie dünnes Offsetpapier, das mit Tesakrepp über das Felsbild gespannt wird. Mit einer Handvoll Gras bzw. zerdrückten Pflanzen können Sie nun die Konturen sehr schön plastisch durchreiben.

El Calvario bei Garafía, La Palma

La Pasada, La Palma

Pico de la Nieve, La Palma

Bejenado, El Paso, La Palma

Wasserfall am Idafe, Caldera de Taburiente, La Palma

Cueva Pintada, Gran Canaria

Cenobio de Valerón, Gran Canaria

Guanche, »Mundo Aborigen«, Gran Canaria

Die Eroberung der Inseln

Viele fremde Völker haben, ihren Überlieferungen zufolge, im Altertum die Kanarischen Inseln besucht, doch keinem gelang es, dort Fuß zu fassen. Deshalb gibt es auch keinerlei Spuren von ihnen auf den Inseln zu dokumentieren. Dies war die Situation bis zu Beginn des 14. Jahrhunderts, als der Genueser Lancelot Maloisel (span. Schreibweise: Lanzarotto Malocello) 1312 auf Titeroygrata landete und die Insel auf Seekarten nach seinem Namen benannte: Lanzarote.

Danach ging ein regelrechter Boom portugiesischer, spanischer und mallorquinischer Sklavenjäger auf die angeblich »herrenlosen« Inseln los. 1344 verkaufte Papst Clemens VI. die Inseln (ohne sie je besessen zu haben) an den spanischen Grafen und Admiral von Frankreich, Luis de Cerda, der sie allerdings niemals erreichte. Heinrich II. von Kastilien, der sich als Erbe fühlte, beauftragte den normannischen Ritter Jean de Bethencourt mit der Eroberung. Die Normannen hatten wahrscheinlich früher schon einmal die Kanarischen Inseln aufgesucht, als sie 846 auf der »klassischen« Seeroute – Galizien, Tajomündung, Lissabon, Cádiz – auf Raubzug nach Süden aufbrachen. 1402 landete Bethencourt auf Lanzarote, gewann mit diplomatischem Geschick die Sympathie der Einheimischen für sich und eroberte von hier aus Fuerteventura (der Name bedeutet: »starkes Abenteuer«). Von Heinrich III. zum »König der Kanarischen Inseln« erklärt, führte er danach blutige Eroberungskriege gegen El Hierro und La Gomera. Die Eroberung von La Palma und Gran Canaria scheiterte am entschlossenen Widerstand der Eingeborenen.

Nachdem die Inseln in den folgenden Jahren mehrmals innerhalb von Fürstenhäusern verschachert worden waren, begann

gegen Ende des 15. Jahrhunderts ein Wettlauf zwischen der kastilischen und der portugiesischen Krone um die Eroberung möglichst vieler überseeischer Kolonien. Das allmählich erstarkende Spanien unter den katholischen (vereinigten) Königen Ferdinand von Aragón und Isabella von Kastilien konzentrierte sich dabei besonders auf den Kanarischen Archipel. Hier probte es die planmäßige Invasion Mittel- und Südamerikas – mit all den Konsequenzen, die Christoph Kolumbus' (span. Christóbal Colón) Wiederentdeckung der Neuen Welt (1492) mit sich brachte. Die Folgen der gnadenlosen, menschenverachtenden Expansionspolitik sind bekannt: Unterwerfung, Vergewaltigung und Versklavung fremder Rassen, die als minderwertig weil heidnisch eingestuft wurden, systematischer Völkermord im Namen des Kreuzes an den Ureinwohnern...
Es war die Zeit der Konquistadoren, ein besonders blutiges Kapitel der Geschichte, dem unmittelbar danach die Inquisition mit ihren brennenden Scheiterhaufen folgte. Namen wie Alonso Fernández de Lugo, Pedro de Vera, Beatriz de Bobadilla, Hernán Peraza der Jüngere und später Pizarro (der das Reich der Inka zerstörte) sind untrennbar damit verbunden. 1483 kapitulierte Gran Canaria, 1492 La Palma, 1496 Teneriffa nach jahrelangen, erbitterten Kämpfen, wobei sich die kanarischen Könige Doramas (von Gran Canaria), Tanausú (La Palma), Benchomo und Bentor (Teneriffa) als unerschrockene Freiheitshelden besonders hervortaten.
Immer wieder flammten Aufstände gegen die Unterdrücker auf den Inseln auf – wie z. B. auf La Gomera, wo der eingeborene Prinz Pedro de Huatacuperche mit der Ermordung des grausamen Tyrannen Hernán Peraza ein Zeichen für seine Landsleute setzte: Beatriz de Bobadilla, die ihren Reichtum durch Menschenhandel erwarb, musste mit ihren Kindern und einigen überlebenden Getreuen in die Festung Torre del Conde am

Strand von San Sebastián flüchten, wo sie zunächst belagert und bald darauf durch das aus Gran Canaria zu Hilfe eilende Invasionsheer von Pedro de Veras befreit wurde.

Doch das Schicksal der kanarischen Ureinwohner war bereits endgültig besiegelt: Nach Beendigung aller Kampfhandlungen auf den Inseln waren die Bewohner von La Gomera und El Hierro nahezu vollständig ausgerottet, die Überlebenden von Lanzarote, Fuerteventura, La Palma, Teneriffa und Gran Canaria waren zwangsbekehrt und aufgrund ihrer eingeborenen Herkunft in die unterste gesellschaftliche Schicht verbannt. Dennoch kann nicht von einem vollständigen Verschwinden des kanarischen Volkes gesprochen werden. Zuwenig fremde Siedler (Kolonistas) kamen anfangs auf die Inseln, einheimische Sklaven mussten den Boden bestellen, von denen viele nach und nach Bürgerrechte erhielten und in die *Datas* (die spanischen Grundbücher) eingetragen wurden. Durch Heiraten begann ein allmählicher Assimilisierungsprozess. Daraus resultiert die inzwischen von vielen Wissenschaftlern bestätigte Tatsache, dass die sogenannte »Guanchenrasse« zu einem nicht unbedeutenden Anteil in der heutigen kanarischen Bevölkerung fortbesteht (siehe Anmerkung 5). Man kann es sehen, wenn man mit wachen Augen auf den Inseln seinen Urlaub verbringt – diese (aufgrund der cromagnoiden Schädelform) deutlich vom spanischen Typus abweichenden Gesichter, die vielen blonden, hellhäutigen und blauäugigen Menschen (Rubios), die hier deshalb so auffallen, weil sie auf dem spanischen Festland so gut wie nie anzutreffen sind.

Eine kanarische Spurensicherung in Sachen »atlantischer Westkultur« erstreckt sich also nicht nur auf archäologisch interessante Objekte wie Ruinen, Steinkreise und Felsbilder, sondern auch auf Lebewesen – das warmherzige, gastfreundliche und überaus liebenswerte Volk der Canarios.

Seit einigen Jahren beginnen viele von ihnen, ihre eigene Historie und Kultur langsam wiederzuentdecken. Bars, Geschäfte, ländliche Genossenschaften werden wieder nach den alten, sagenumwobenen Menceys benannt, Feste gefeiert, die deutlich vorspanische Tradition aufweisen. In Kreisen der jungen Intelligenz ist es »in« (und salonfähig), nach Guanchenzeremonien zu heiraten und den Kindern Guanchenvornamen zu geben. Der kanarische Buchautor José Luis Concepción verkündet selbstbewusst: »Die Guanchenrasse lebt noch immer im heutigen kanarischen Volk!« und eine der größten kanarischen Tageszeitungen (Canarias7 im Interview mit Harald Braem) schreibt am 13. August 2007 in riesigen Lettern über La Palmas berühmtesten Guanchenkönig: »Tanausú repräsentiert die Identität des Volkes!«

Terra X entdeckt die Insel neu

Als ich 1984 mit meiner Forschungsarbeit auf den Kanaren begann, standen für mich die rätselhaften Felsbilder der Ureinwohner im Mittelpunkt. Besonders auf La Palma, wo sich die Zeichen in einer Weise häufen wie sonst nirgendwo auf den Inseln, begann ich mit einer planmäßigen Bestandsaufnahme und Dokumentation. Daran schlossen sich weitere Forschungsprojekte an, und ich lebte zeitweise ganz auf den Kanaren. Ich unternahm schwierige Bergtouren, wie z. B. zur Kulthöhle von Tajodeque am Steilrand der Caldera de Taburiente und zum heiligen Berg Idafe auf La Palma bzw. auf den Roque Agando (La Gomera), der mit seinen steilen 1250 m und bergsteigerischen Schwierigkeitsgraden 4 und 5 eine besondere Herausforderung darstellt.
Wichtig waren auch experimentelle Fahrten mit Motorbooten und Segelschiffen rund um die Insel. Ich wollte feststellen, inwieweit Zusammenhänge zwischen günstigen Anlandeplätzen und der Häufung von Felsbildern bestehen. Auf La Palma zumindest ist dieser Zusammenhang deutlich gegeben. Schließlich gelang es sogar, den historischen Dreimaster »Thor Heyerdahl« für Experimente zu chartern.
Was die Felsbilder anbelangt, so unternahm ich weitere Forschungsreisen nach Ägypten, Marokko, Tunesien, auf die Balearen, nach Irland, Malta, Sizilien, Sardinien, Zypern, Portugal, Spanien und in die Bretagne. Die weiteste Expedition ging über Finnisch-Lappland und Sibirien zum Altai ins russisch-mongolisch-chinesische Grenzland. Es ging mir dabei vor allem darum, Ähnlichkeiten und Übereinstimmungen bei einzelnen Zeichen näher zu untersuchen.
1990 konnte ich zusammen mit dem Regisseur und Produzenten Frieder Mayrhofer für die ZDF-Reihe Terra X einen Film

über die Kanaren realisieren: »Die Inseln des Drachenbaums. Magische Plätze auf den Kanaren«. Wie bei Terra X üblich, gingen den eigentlichen Dreharbeiten monatelange Exkursionen vor Ort voraus. Als wichtigste Forschungsergebnisse flossen in den Film ein:
- die Sichtbarmachung von Felsbildern durch neue, unschädliche Methoden
- das Aufspüren von Schiffs- und Ankerdarstellungen auf allen Inseln
- die Entdeckung weiterer, bis dahin unbekannter Rückzugssiedlungen und Bergheiligtümer der Ureinwohner
- der Kontakt zu Hexen und Heilerinnen (Brujas), die z. T. noch heute uralte Rituale der Vorzeit praktizieren (Milchopfer, Quellenzeremonien, sog. Teufelsfeste)
- Experimente mit dem Harz des Drachenbaums, das besonders bei der Mumifizierung eine große Rolle spielte
- die Entdeckung bzw. Freilegung weiterer Guanchendörfer auf La Palma.

Der Film wurde ein großer Publikumserfolg, immer wieder im Fernsehen wiederholt (zuletzt 2006), in mehr als zehn Sprachen übersetzt und als *Time-Life* weltweit vertrieben. Auch das Terra-X-Begleitbuch wurde rasch ein Erfolg und stand monatelang in der Bestsellerliste des SPIEGEL. Starke Beachtung fanden auch meine Bücher: *Das magische Dreieck* (deutsch & spanisch), *Tanausú* (deutsch & spanisch), *Der Vulkanteufel* (verfilmt als *Der Feuerläufer*), *Magische Riten und Kulte – Das dunkle Europa*, sowie *Die magische Welt der Schamanen und Höhlenmaler*. Ein weiterer Fernsehfilm *Der Herr der Zeichen* entstand 1996. 2001 lernte ich Thor Heyerdahl kennen, mit dem ich zuvor bereits in brieflichem Kontakt gestanden hatte. Als Student schon hatte ich seine spannenden Reiseberichte (*Kon-Tiki*, *Ra*, *Tigris* usw.) begeistert gelesen und nie im Traum daran gedacht, mit diesem Mann einmal persönlich zu tun zu haben, geschweige denn mit ihm zusammenzuarbeiten. Thor Heyerdahl war eine faszinierende Persönlichkeit, ein unerschrockener Querdenker und ein echter Weltbürger. Ich bin dankbar dafür, einiges von ihm gelernt zu haben.

Stufenpyramide Cancajos, La Palma

Zusammen mit dem Hotelier H. J. Hüneke (Playa Sur Tenerife, El Médano) organisierten wir von 2001 bis 2004 Kulturreisen »Auf den Spuren der Guanchen«, bei denen ich die Teilnehmer zu den wichtigsten Plätzen von Teneriffa, Gran Canaria, La Palma und La Gomera führte. Bei weiteren Studienreisen und Privataufenthalten besuchte ich immer wieder Lanzarote und El Hierro. Besonders spannend war dabei für mich, mit internationalen Forschergruppen unterwegs zu sein, mehrsprachig zu diskutieren und immer wieder Vergleiche mit Fundstellen in anderen Teilen der Welt vorzunehmen. Ich habe viele dieser

Ergebnisse publik gemacht und sowohl der Fachwelt als auch einem interessierten Laienpublikum und sogar der kanarischen Regierung vorgestellt. Besonders stolz bin ich darauf, dass einige dieser Vorschläge (wenn auch oft viele Jahre später) realisiert wurden (Unterschutzstellungen, archäologische Lehrpfade, Neugestaltung von Museen und Infomaterial).

Es ist ein langwieriger Prozess, ins Bewusstsein zu rücken, dass die Kanaren weitaus mehr als bloß schöne Urlaubsinseln sind, die eine einmalige Natur bieten (mehr als 600 endemische Pflanzenarten!). Die Kanarischen Inseln sind wegen der rätselhaften, noch immer nicht geklärten Kultur ihrer Ureinwohner ein wahres Schatzkästchen, ein einziges Open-Air-Museum in Sachen Archäologie und von daher wert, nicht nur als Biosphärenreservat ausgezeichnet zu werden, sondern auch als Weltkulturerbe. Die Kultur der Guanchen ist überall auf den Inseln präsent. Es gilt ihre Hinterlassenschaften zu schützen, sie sind ein wertvolles Erbe der Menschheit. Diese Botschaft möchte ich mit dem vorliegenden Buch den Leserinnen und Lesern übermitteln.

Pyramiden

Im Frühjahr 1991 sorgten spektakuläre Funde auf Teneriffa für weltweites Aufsehen: Bei Güímar im Westen der Insel wurden Stufenpyramiden entdeckt, die möglicherweise die größten Architekturleistungen der Guanchen darstellen und sich durchaus mit ähnlichen Bauwerken in Ägypten und Mittel- und Südamerika vergleichen lassen. Auch die bretonischen Pyramiden an der Nordküste Frankreichs (z. B. Barnanez) aus dem Neolithikum sehen verblüffend ähnlich aus.

Die wissenschaftliche Welt wurde – wie üblich – sogleich in zwei Lager gespalten. Die einen taten die Anlagen als Lesesteinhaufen ab, die irgendwann von frühen spanischen Siedlern angehäuft wurden, um landwirtschaftlich nutzbares Gelände zu gewinnen. Auf jeden Fall seien es keine Relikte aus früherer Zeit und hätten schon gar nichts mit den Guanchen zu tun (die seien ja viel zu primitiv gewesen).

Die anderen erinnerten sich an alte Berichte zuverlässiger Chronisten (z. B. Leonardo Torriani), bei denen genau an solchen Stufenpyramiden Zeremonien und Feierlichkeiten der Ureinwohner stattfanden, Himmelsbeobachtungen und sogar die Krönung von Menceys. Untersuchungen von astrophysikalischen Instituten (z. B. IAC 1991) ergaben zudem eine exakte Standortausrichtung der Pyramiden auf bestimmte astronomische Ereignisse (Sonnenaufgänge, Jahreszyklen, Kalender). Viele Darstellungen auf Felsbildern (wie z. B. La Fajana, El Paso, La Palma) weisen darauf hin, dass die kanarischen Ureinwohner sich mit dieser Thematik intensiv auseinandersetzten. Demzufolge wären die Stufenpyramiden Sonnentempel der Guanchen gewesen! Auf den Stufen und im Umkreis der Pyramiden von Güímar waren von Einheimischen bereits seit längerem Keramikschalen eingesammelt und sichergestellt worden. Es gab ferner Hinweise auf ver-

steckte Kulthöhlen und Begräbnisplätze früherer Könige, die mit Sicherheit mumifiziert sein würden. Diese sollten sich an unzugänglichen Stellen der heiligen Schlucht (Valle Sagrado) oberhalb von Güímar befinden. Ein »Tal der Könige« wie in Ägypten? Und die Pyramiden Grabmale längst vergessener Herrscher?
Im alten Lageplan von Güímar gab es ein paar Besonderheiten, die dem aufmerksamen Betrachter sogleich ins Auge sprangen. Da führten nämlich drei Straßen (eher Sandpisten) ins Gelände, die nicht ganz alltägliche Namen trugen: Anton Guanche, Mencey Anaterva und Mencey Acaymo. Bei besagtem Acaymo handelt es sich um den vorletzten König von Güímar. Sein Sohn Anaterva wurde nach der Eroberung durch die Spanier von Alonso Fernández de Lugo, dem neuen Statthalter von Teneriffa, zum stellvertretenden Regierungschef für die Ostküste ernannt.
Es war ein kühner und kluger Entschluss, dass der norwegische Reeder Fred Olsen (dem ein Großteil der kanarischen Fährflotte und Teile La Gomeras gehören) das gesamte Pyramidengelände von Güímar aufkaufte und Thor Heyerdahl die Leitung der Forschungsarbeiten übertrug. Heyerdahl ließ das Areal zu einem bedeutenden interdisziplinären Zentrum, Museum und Erlebnispark unter besonderer Berücksichtigung der Natur ausbauen. Er sammelte in vielen Arbeitsschritten gemeinsam mit internationalen Fachleuten Argumente für die Echtheit der Guanchenpyramiden. Die wichtigsten sind:
- Tatsächlich befindet sich unter der östlichsten Pyramide eine Kulthöhle der Ureinwohner, die verschüttet war und von Thor Heyerdahl gänzlich freigelegt wurde. Die interessanten Fundobjekte daraus sind im nahe gelegenen Museum zu besichtigen.
- Die Bauwerke sind keine wirren Lesesteinhaufen, sondern sorgfältig nach astronomischen und architektonischen Gesichtspunkten errichtete Stufenpyramiden. Die Ecksteine

zum Beispiel stammen nicht aus dem unmittelbaren Gelände, sondern sind von weit entfernten Lavazonen herangeholt, behauen und geglättet worden. Teilweise wurde schräg verlaufendes Gelände vor Baubeginn künstlich angehoben, um zu erreichen, dass sich die Plattformen mehrerer Pyramiden auf gleichem Niveau befinden.

- Die meisten der Pyramiden haben sorgfältig gearbeitete Treppen, die nach Osten zum Sonnenaufgang auf der oberen Plattform führen. Einige dieser Treppen sind in Schlangenform angelegt, wie wir dies aus Mittelamerika kennen.
- Es existieren Rampen und Mauern, die stark an mittel- und südamerikanische Tempelbezirke erinnern und keinerlei Ähnlichkeit mit der ansonsten auf den Kanaren üblichen landwirtschaftlichen Nutzung aufweisen.

Nach und nach wurden weitere Stufenpyramiden auf Teneriffa (in der Nordregion von Icod) und La Palma (Ostküste bei Cancajos, Westküste bei El Paso) entdeckt. Die meisten von ihnen habe ich in meinem Buch »Das magische Dreieck« ausführlich beschrieben. An dieser Stelle möchte ich mich bei Walter B. Haehnel, Ernst Pawlas und Don Ramón Rodríguez Martín für die langjährige gute Zusammenarbeit bedanken.

Wie auch immer die Pyramiden auf Teneriffa und La Palma zu bewerten sind und wie die Debatte darum noch ausgehen mag – wichtige Kulturdenkmäler sind sie allemal, egal ob sie nun von den Guanchen stammen oder doch von frühen Siedlern errichtet wurden. Sie gehören unbedingt unter Schutz gestellt, damit weitere und genauere Untersuchungen in Zukunft überhaupt möglich werden. Versäumt man dies, so drohen sie in barbarischer Weise zerstört zu werden (wie bei La Mancha/Icod de los Vinos geschehen, wo Planierraupen in einer illegalen Nacht- und Nebelaktion alle Spuren einebneten), langsam zu zerfallen (wie bei Cancajos, La Palma) und schließlich ganz in Vergessenheit zu geraten. Solange es möglich ist (und hoffentlich für immer!), sollten auch die Pyramiden auf den Kanaren als Erbe der gesamten Menschheit unter Schutz gestellt werden. Dies kann nur geschehen, wenn immer mehr Menschen sich ihrer/unserer Vergangenheit erinnern und sich für den Erhalt des Welterbes einsetzen.

Praktische Tipps für Anreise und Orientierung vor Ort

Die nachfolgenden Ortsbeschreibungen stellen die wichtigsten archäologischen und historischen Plätze, Felsbildstationen, Heiligtümer, Museen und Sammlungen der Kanarischen Inseln vor. Die beigefügten Karten dienen dabei zur ersten groben Orientierung vor Reisebeginn. Näher Interessierten wird empfohlen, sich in der Buchhandlung genaueres Kartenmaterial für das jeweilige Inselziel zu besorgen, z. B. die »Mapa militar« oder die »Mapa Topográfico Nacional de España«, die es für jede Insel gibt (meist 1:50.000). Aufgrund der Ortsbeschreibungen lassen sich damit die beschriebenen Plätze auffinden und Ausflüge planen. Gute Karten gibt es auch auf den großen kanarischen Flughäfen bzw. in Buchhandlungen vor Ort. Weniger bekannte Plätze, die in den Ortsbeschreibungen aus technischen Gründen nur ungefähr lokalisiert wurden, findet man relativ leicht, wenn man in den Dörfern ältere Einheimische befragt. Sie werden feststellen, dass die Canarios sehr hilfsbereit sind und sich häufig sogar die Zeit nehmen, Sie an bestimmte Plätze zu führen. Sie finden dadurch nicht nur Kontakt zur einheimischen Bevölkerung, vielleicht sogar neue Freunde, sondern gestalten auch Ihre Ausflüge zu besonderen Erlebnissen. Oft ist nämlich bereits »der Weg das Ziel«, d. h. die kanarische Inselwelt mit ihren schroffen Vulkanbergen, wilden Barrancos, romantischen Dörfern und selten begangenen Ziegenpfaden ist so reizvoll, dass bereits die Wanderung zu einem historischen Ziel zum unvergesslichen Erlebnis wird.
Man kann die Kanarischen Inseln auf unterschiedlichen Anreisewegen erreichen: mit dem Schiff von Cádiz aus (dies erfordert eine relativ lange Auto- oder Bahnfahrt über Land, durch

ganz Frankreich und Spanien). Es gibt auch Autofähren von anderen europäischen Häfen aus, z. B. Genua, Marseille, Barcelona, Málaga usw. Dies ist vor allem eine Zeit- und Geldfrage, und die Fahrpläne ändern sich ständig. Ihr Reisebüro berät Sie sicher gern über die günstigste Verbindung.

Die schnellste und kostengünstigste Verbindung bietet das Flugzeug. Die Hauptflughäfen sind: Las Palmas de Gran Canaria und Teneriffa. Lanzarote, Fuerteventura und La Palma werden von einigen Reiseunternehmen direkt angeflogen. Alle Inseln besitzen kleinere Inlandflughäfen, so dass zwischen den Inseln gute Flugverbindungen bestehen, die zudem recht preiswert sind. Auch mit dem Schiff lassen sich die Inseln untereinander gut erreichen (Autofähren und Schnellboote). Es empfiehlt sich, auch diese kleinen Abstecher mit Flugzeug und Schiff bereits vor Reiseantritt in Deutschland zu buchen: manche Linien sind sehr stark frequentiert!

Ein guter Rat für alle, die noch nie auf den Kanarischen Inseln waren: Nehmen Sie sich nicht zuviel vor! Die Inseln sind zwar klein, aber erstaunlich vielseitig und weiträumig, wenn man wirklich etwas von ihrem Charakter erfahren will. Nehmen Sie sich lieber eine einzige Insel und bestimmte, überschaubare Gebiete für Ihre Erkundungen vor. Ein »Inselhüpfen«, wie man es vielleicht von den griechischen Inseln her kennt, ist bei den Kanaren ganz und gar sinnlos, vermittelt lediglich oberflächliche Eindrücke und artet zumeist in Stress aus.

Eine bestimmte Reisesaison gibt es auf den Kanaren nicht. Das ganze Jahr über können Sie mit gutem Wetter rechnen. Allerdings (das verschweigen die meisten Reiseprospekte!) gibt es auch hier so etwas wie Jahreszeiten: Die schönste Phase des Frühlings mit sehr mildem Klima liegt zwischen April und Juli. Zwischen Juli und November kann es mitunter recht heiß und trocken werden (in dieser Periode kommt auch gelegentlich der tagelang anhaltende, heiße Calima aus der Sahara, der selbst die westlichen Inseln La Palma, La Gomera und El Hierro nicht verschont. Von Dezember bis März herrscht der kanarische Winter (einen Herbst gibt es nicht): Er kann sich in starken Regenfällen äußern. Sie sollten Pullover und Regenkleidung nicht vergessen. Auch diese Jahreszeit, insgesamt für einen Winter recht mild, ist außerordentlich reizvoll. Stellen Sie sich vor, Sie sitzen tagsüber am Strand und genießen die Sonne (wenn es nicht gerade regnet), während ab ca. 1000 m aufwärts bis zu den höchsten Spitzen der Berge Schnee liegt... Das trifft natürlich mehr auf die Westinseln zu, auf Lanzarote oder Fuerteventura können Sie Weihnachten oder Silvester getrost baden.

Die Unterkunft sollte man unbedingt von Deutschland aus vorbuchen. Auf Gran Canaria, Teneriffa, Lanzarote und Fuerteventura besteht eine gutausgebaute touristische Infrastruktur (mit all ihren Schattenseiten, Hotelgettos usw.). Die kleineren Westinseln sind dagegen mehr auf Individualtourismus eingerichtet. Es gibt nicht viele Hotels, kaum freie Pensionen und so gut wie keine Privatzimmervermietung. Campingplätze sind fast nirgends vorhanden, und wenn man bei Ankunft seiner Unterkunft nicht sicher ist, so kann es einem passieren, dass man ziemlich verzweifelt umherirrt. Fazit: unbedingt vor Reisebeginn alles sorgfältig planen!

Über die Verpflegung brauchen Sie sich indes keine Gedanken zu machen: Es gibt überall, selbst in abgelegeneren Orten, Restaurants oder zumindest kleine Bars und Bodegas, die Essen servieren. Die kanarische Küche ist ausgezeichnet, recht vielseitig und erstaunlich preiswert. Nicht nur Fischgerichte und Meeresfrüchte sind zu empfehlen, sondern vor allem auch die schmackhaften einheimischen Speisen der »einfachen« Bevölkerung. Dies gilt auch für die Landweine, die oft in abgelegenen Bodegas serviert werden.

Für den Kanarenurlaub ist es unbedingt erforderlich, sich einen Wagen zu mieten. Die einzelnen Fundorte auf den Inseln liegen oft sehr weit voneinander entfernt und das öffentliche Bussystem ist unzureichend. Außerdem lohnt es sich, langsam und entspannt durch die herrliche Landschaft zu fahren und ungewöhnliche Naturerlebnisse zu genießen.

Kanarische Spurensicherung

La Palma

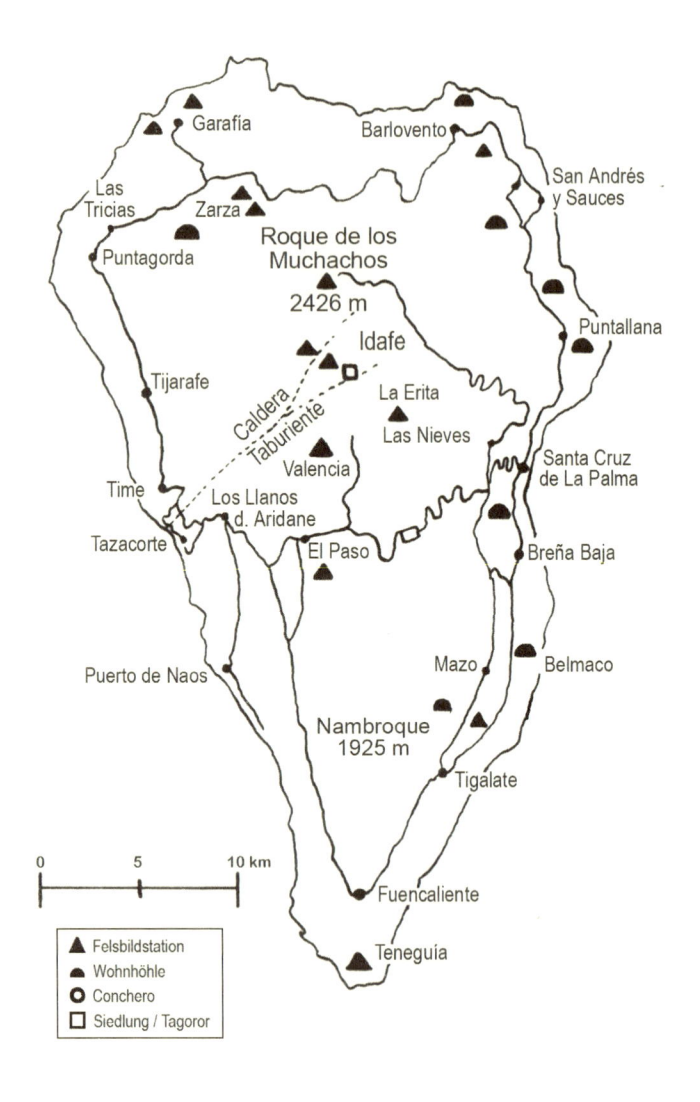

La Palma in Stichworten

Alter Name: Benahoare. Einwohner: Benahoaritas bzw. Auaritas. Geschätzte Einwohnerzahl damals: ca. 10.000. Größe: 730 qkm. Hauptstadt: Santa Cruz de La Palma. Höchste Erhebung: Roque de los Muchachos (2426 m). Nordwestlichste und grünste aller Inseln. Besondere Kennzeichen: sehr viele Felsbilder (überwiegend megalithisch, Form 1, deutliche Konzentration im Nordwesten), viele Quellenheiligtümer, ausgezeichnete, reich verzierte Keramik. Zentraler Kultplatz: Roque Idafe in der Caldera de Taburiente (mit Tagoror). Neben Gran Canaria bietet La Palma für den archäologisch-ethnologisch interessierten Besucher die meisten Sehenswürdigkeiten. Da diese in eindrucksvoller Natur liegen, lohnt sich für den La Palma-Urlaub eine gewisse Zeitplanung, um auch nur annähernd die schönsten Plätze zu sehen und Eindrücke sammeln zu können.

Ortsbeschreibungen

Idafe   108
Caldera de Taburiente   111
La Pasada   111
Tajodeque   112
Barranco de los Gomeros   112
Tamarahoya   113
Pared de Roberto   113
Fuente de Riachuelo   114
Los Llanos de Aridane   114
El Paso   114
Belmaco   115
Mazo   116
Zarza   116

Zarcita 118
San Antonio del Monte 118
Caldera de Agua 119
Las Tricias 119
El Corchete 119
Fernando Porto 120
Fuente de Calefute 120
Buraca 120
Fuente de Sauco 122
Gallegos 122
El Palmar 122
Juan Adalid 122
Barranco de San Juan 122
Roque de los Muchachos 123
Santa Cruz de La Palma 123
Nambroque 124
Teneguía 124
Tigalate Hondo 125
La Erita 126
Cueva de Agua 126
Garafía / Santo Domingo de Garafía 127
Weitere Wohn- bzw. Begräbnishöhlen 130
Gebäudereste 130

Idafe

803 m hoher Basaltmonolith (Rest eines uralten Vulkanschlots) im Nationalpark Caldera de Taburiente. In der Religion der Ureinwohner spielte dieser heilige Felsen als »sprechender Seelenstein«, Himmelssäule und Fruchtbarkeitssymbol eine zentrale

Rolle. Die Überlieferungen berichten von zwei ausgewählten Männern, die sich ihm unter rituellem Gesang (Wirst du fallen, Idafe? Gib ihm, was du hast, und er wird nicht fallen!) näherten und die Eingeweide von Tieren opferten. Der Idafe ragt oberhalb von Dos Aguas zwischen dem Río Almendro und dem Río Ribanseras steil auf und ist nur durch das Überklettern eines Wasserfalls zu erreichen. Kurz danach, am Beginn des sehr schwierigen, weil lange nicht mehr benutzten Gipfelwegs, stößt man auf einen der schönsten und besterhaltenen Steinkreise (Tagoror) der Kanarischen Inseln. Im Umkreis des Versammlungsplatzes finden sich zahlreiche Artefakte und verwitterte Baureste. Der Roque Idafe selbst lässt sich nur bis zur ersten Plattform erklimmen, wo sich eine Art Opfernische befindet. Interessanterweise werden dort immer noch anonyme Gaben und kleine Geschenke abgelegt.

Tagoror unterhalb des Idafe

Der Idafe in der Caldera de Taburiente

Caldera de Taburiente

Ca. 10 qkm großer Kessel eines alten Zentralvulkans mit z. T. durch Erosion freigelegtem Inselfundament (präkambrischer Basaltsockel). Nationalpark mit vielen Wanderwegen, Quellen, Bachläufen, Wasserfällen und Zeltplatz (Genehmigung der Casa Forestal, El Paso, erforderlich). Diverse, versteckt liegende Wohnhöhlen des Aceró-Stammes. Kurz vor dem Río de Taburiente Höhle des letzten freien Guanchenkönigs Tanausú (inzwischen zugemauert und von der ICONA-Forstverwaltung als Abstellraum benutzt) mit steingepflastertem Boden. In unmittelbarer Nähe Steinreste vorspanischer Häuser (Keramikfunde durch Hernández Pérez).

Entlang des gesamten Kraterrandes Kultplätze und Felsbildstationen (La Pasada, Tajodeque, Roque de los Muchachos, La Erita / Pico de la Nieve, Tamarahoya s. d.).

La Pasada

2,5 m hoher Petroglyphenstein (Beobachtungspunkt) mit interessanter, an einen Vulkanausbruch erinnernde Bildgravur (siehe Seiten 79, 84) am westlichen Calderarand zwischen El Time und dem ICONA-Aussichtsturm Hoya Grande. Dahinter versiegte Quelle, davor kleiner Versammlungsplatz. La Pasada wurde vor ein paar Jahren an den Wanderweg angeschlossen und zum Mirador (Aussichtspunkt) ausgebaut. Wunderbarer Blick in die Schlucht der Todesängste und die Caldera. In der Nähe zahlreiche Wohnhöhlen in der Caldera-Steilwand (Keramik, Knochen- und Werkzeugfunde) sowie Guanchenfriedhof. Dieser schwer zu erreichende Cementerio wird durch eine geräumige Vorhöhle, der sich ein enger Durchstieg in einen tiefergehenden Gang anschließt, gebildet. Der eigentliche Cementerio, eine 57 m lange, 6-8 m breite und haushohe Halle mit erstaunlich guter Belüftung, beginnt danach. Zahlreiche Spuren von Brandbestattungen, Keramikscherben etc., ansonsten ausgeplündert. Die noch bis vor ein paar Jahren dort befindlichen Schädel, Schenkelknochen sowie die ca. 500 Jahre alte Mumie eines Mädchens sind in Privatbesitz.

Tajodeque

Kleine Kulthöhle mit Quelle in den nordwestlichen Steilwänden der Caldera zwischen Pico Palmero und Roque de los Muchachos. Dieser äußerst schwierig und nur unter wegkundiger Führung erreichbare Platz stellt eine für La Palma einzigartige Felsbildstation dar. Hier sind nämlich die einzigen eindeutig nordafrikanischen Petroglyphen zu finden, sogar mehrere Schriftzeilen mit altnumidischer Verwandtschaft, die den Alphabetiformen von El Hierro gleichen (El Julan, La Caleta, Tejeleita, Barranco de los Cuervos, s.d.). Inmitten der ansonsten ausschließlich nordwesteuropäisch (megalithisch) geprägten Insel wirken sie allerdings wie Fremdkörper und sind wesentlich jüngeren Datums als die alten, verwitterten Felsbilder La Palmas. Da die Quelle nahezu versiegt ist, wird sie seit vielen Jahren nicht mehr von den Herden der Ziegenhirten frequentiert. Entsprechend undeutlich und streckenweise kaum noch passierbar ist der Weg. Eine sehr schwierige Bergtour, die nur mit Hilfe eines ortskundigen Führers geschafft werden kann.

Barranco de los Gomeros

Mehrere Höhlen unterhalb der parallel zur Straße La Punta-Tijarafe führenden Piste El Jesus-La Punta mit deutlichen Spuren einer frühen Besiedlung (Keramik, Knochen, Werkzeug, Feuerstellen). Der Barranco erfordert zwar ein bisschen Kletterei, ist aber relativ leicht zu erreichen. Einsame, urwüchsige Gegend.

Tamarahoya

Zwei Felsbildstationen und Reste einer alten Siedlung im Rückzugsgebiet der Ureinwohner während bzw. nach der spanischen Eroberung im Kiefernwald von Valencia (Caldera-Rand unterhalb des Pico Bejenado, von El Paso mit dem Auto aus erreichbar), nahe einer ICONA-Piste. Tamarahoya-1 ca. 20, teilweise mit sehr eigenwilligen Bildzeichen gravierte Steinplatten auf sanft abfallendem Bergrücken. Tamarahoya-2 kleineres Petroglyphenfeld, ca. 300 m oberhalb von Tamarahoya-1 mit bildschöner, tief eingekerbter Spirale und einigen Schalensitzsteinen. Tamarahoya-3 ca. 1 km östlich davon, Ruinen einiger Häuser in abgerundeter Hufeisenform nahe künstlich reguliertem, jetzt ausgetrocknetem Bachlauf (Staustufen, Uferbefestigung), zentrale, ausgemauerte Feuerstelle. Grundmauern von Viehställen. Weiter oberhalb große, sehr geräumige Höhle (Friedhof?). Die durch das rapide Absinken des Grundwasserspiegels vom Austrocknen bedrohte Zone wird von Einheimischen nur noch äußerst selten besucht.

Pared de Roberto

Auffallende, hohe Felswand (verwitterter Gesteinsgang) unterhalb des Roque de los Muchachos nahe dem Mirador de los Andenes mit Felsbildstation. Hier führt der alte Weg von der Cumbre Nueva über La Erita (Pico de la Nieve s. d.) zum Gipfel. Vorsicht: schwieriges, rutschiges Gelände!

Fuente de Riachuelo

Ehemals bedeutender Platz in den Bergen von Las Tricias. Tanzplatz (Baile), zu dem die Leute von weit her, selbst noch aus San Antonio del Monte kamen. Malerische Quelle im Wald.

Los Llanos des Aridane

Sehr lohnenswert ist ein Besuch im 2007 fertiggestellten archäologischen Museum, das multimedial und höchst anschaulich Wissenswertes über die Welt der Guanchen bietet. Öffnungszeiten: Di.-Sa. 10-14 und 17-20 Uhr, Eintritt frei.
Die schöne Altstadt hält eine weitere Attraktion bereit: »Die Stadt im Museum«. Riesige Gemälde von namhaften Künstlern schmücken die Fassaden verschiedener Gebäude.

El Paso

Zwei sehenswerte Felsbildstationen mit interessanten Petroglyphen, die von El Paso aus leicht zu erreichen sind. El Paso-1 (Lomo de Fajana) ist mit Holzgeländer gesichert: große, rötliche Felsbildwand, über und über mit Sonnenrädern, Sternzeichen (?), Wellenbändern und Augen bedeckt. Die gesamte Anlage erinnert an ein astronomisches System und wird von Besuchern oft als »Sonnenkalender« bezeichnet. Die Sonne kennt kein Vergehen und wird daher in vielen Kulturkreisen als Symbol für immerwährendes Leben benutzt (der Mond dagegen ist zyklisch = Symbol für Fruchtbarkeit, Geburt und Tod). In der näheren Umgebung der Station (z. B. am Weg links) weitere Spiralen und andere, freiere Zeichen.
El Paso-2 befindet sich rechts von dieser Anlage im kleinen Barranco unterhalb des Friedhofs von El Paso (leider stark durch

wilde Müllablagerung verunstaltet, man muss stellenweise über Schutt- und Geröllmassen klettern). Hier ist an diversen Felsen ein ganzes Arrangement von Gravuren zu sehen: konzentrische Kreise und Wellenringe (wie in Zarza s. d.), eine geflügelte Figuration (wie in Buraca und Corchete s. d.), Spiralen, ein Labyrinth und andere kleinere Zeichen. Beide Felsbildstationen findet man relativ leicht, wenn man, von Los Llanos aus kommend in El Paso abajo (Unterdorf) links nach der Einfahrt zum Barranco de Torres bzw. einem gefliesten Platz einbiegt (im Zweifelsfall Ortsansässige fragen). Auch der Barranco de las Torres ist sehenswert und eine Halbtage-Wanderung wert. In der linken, leicht erklimmbaren Wand sind einige Wohnhöhlen zu besichtigen: die Guanchensiedlung El Hoyo–Peña del Diablo. Hier wurden viele Werkzeuge und Scherben der Ureinwohner gefunden.

Belmaco

Bekannte Wohnhöhle (bereits 1752 entdeckt und seitdem mehrfach ausgegraben) mit sehenswerten Felsbildern, direkt an der Straße Mazo–Fuencaliente: Die davorliegenden Felsbrocken sind über und über mit tief gravierten und erstaunlich gut erhaltenen Petroglyphen bedeckt. Einige davon wurden vage als Tier- und Menschenfratzen, als Tintenfisch usw. gedeutet. Besonders schön sind vor allem die ornamentalen Wellenkreise und die fast schon wie Näpfchen oder Schalen wirkenden konzentrischen Ringe.

Die exponierte Lage im Stammgebiet des Volkes von Tigalate wird erst deutlich, wenn man den Hang oberhalb bzw. den zum Meer hinabführenden Barranco unterhalb der Höhlenanlage besichtigt und sich die störende Straße wegdenkt. Die Ureinwohner besaßen ein treffsicheres Gespür für ästhetisch schöne Plätze.

Der in der Höhle befindliche alte Backofen stammt aus nachspanischer Zeit. Mitunter sind in der Höhle Schwärme wilder Bienen zu beobachten. Für den, der seine »Spurensicherung« in Sachen Ureinwohner auf La Palma beginnt, bietet sich Belmaco (neben Zarza, Zarcita, El Paso und Buraca s. d.) als erste Einstimmung geradezu an. Heute ist Belmaco als Weltkulturerbe zum archäologisch-botanischen Park ausgebaut und besitzt ein ausgezeichnetes Museum. Öffnungszeiten: Mo.-Sa. 10-18 Uhr (im Sommer bis 20 Uhr), So. bis 15 Uhr.

Mazo

Keramikmühle »El Molino« an der Straße Mazo–San José (Breña Baja). Hier stellt das Kunsthandwerkerpaar Ramón und Vina seltene Fundstücke der Ureinwohner aus, rekonstruiert und verkauft handgeformte (ohne Töpferscheibe hergestellte) Reproduktionen neben allerlei anderen Souvenirs (Handwerksarbeiten, Bücher usw.). Der Besuch lohnt sich, denn hier bekommt man die besten Arbeiten der Insel.

Zarza

Eine der bekanntesten und eindrucksvollsten Felsbildstationen im Norden der Insel. Ein zauberhafter Naturpark, der einem Feenwald gleicht und zum Weltkulturerbe führt. Bei La Palma-Urlaub unbedingtes Muss! Von der Piste nach Barlovento ca. 3 km nach Llano Negro und 1 km nach der Abzweigung, die links ab nach San Antonio del Monte führt in einer Kurve mit kleinem Steinwegweiser rechts ab in Barranco. Der Feldweg führt zu einem betonierten Wasserdepot. Oberhalb die Feuchthöhlen und Quellen der Fuente de la Zarza (Dornbuschquelle) mit reichhaltig und formschön gravierten Felswänden. Zahlreiche Wellenkreise, Labyrinthe, Spiralen und kompliziertere Einzelfigurationen, die teilweise an abstrahierte Darstellungen von Lebewesen erinnern (z. B. ein Mann im Boot). Besonders die musterbildenden Wellenkreise weisen eine deutliche Verwandtschaft zu Irland (Boyne Valley u. a.) und zur Bretagne auf (vgl. hierzu das verblüffend formgleiche Design in der Megalithgrabanlage von Gavr'Inis (Insel im Golf von Morbihan bei Carnac). Hier ist auch eine sogenannte »Triole« (Dreifachspirale) zu sehen, die sehr an die vergleichbare Form von New Grange (Irland) erinnert. Die ganze Anlage im Talschluss des Barrancos strahlt Ruhe und Erhabenheit aus – ein angenehmer Platz zum Meditieren. Ganz in der Nähe die weniger frequentierte Fuente La Zarcita (s. d.) mit noch reichhaltigerer und besser erhaltener Felsbildgravierung.

Der Autor, Felsbildstation Zarcita

Die Universität La Laguna hat beide Stationen katalogisiert und durchnumeriert (Zarza 1-31, Zarcita 1-15, »Urmutter« Nr. 9, »Azteke« Nr. 10 in Zarcita), dabei aber leider gut die Hälfte aller Gravuren übersehen. Eine sehr gute Übersicht verschafft das neue Museum am Eingang des Parks. Öffnungszeiten: täglich 11-17 Uhr (im Sommer bis 19 Uhr).

Zarcita

Felsbildstation und Quellenheiligtum im westlich benachbarten Barranquillo de la Zarza, deutliche Zeichen einer zentralen Kultstätte: in den Fels gehauener Altar mit Abstellnischen für Opfergaben, rechts davon abstrahierte Darstellung einer Urmutter (Insektenkopf, Brüste und weit ausladender Reifrock). Unmittelbar daneben ein (sehr aztekisch anmutender) Männerkopf im Profil (Kopf- und Halsschmuck, scharf vorspringende Nase). Die Felswand ist weiträumig mit verschlungenen Linien graviert. Es lassen sich aber deutlich einige Labyrinthe, Mäander und Spiralen erkennen, eine davon sogar konisch zulaufend in den Felsen gebohrt. Linksseitig des Pfades von Zarza nach Zarcita sind weitere einzelne Petroglyphen im Hang zu erkennen (teilweise mit Holzgeländer gesichert, teils von Dickicht überwuchert).
Nach meiner Einschätzung handelt es sich bei Zarza um das männliche, bei Zarcita um das weibliche Heiligtum.

San Antonio del Monte

Bekannt durch den größten Viehmarkt der Insel mit Fiesta im Frühjahr. Der Ort besteht eigentlich bloß aus einer Kirche und einem einzelnen, freistehenden Haus (»Casa del Baile«), neben dem immer noch zur Fiesta getanzt wird. An diesem Haus findet sich vorne links als Eckstein eine Petroglyphenplatte (Reste einer großen Spirale) eingemauert. Von hier aus sind Abstecher nach Zarza bzw. Zarcita möglich (s. d.).

Caldera de Agua

Wenig bekannte und nur durch ortskundige Führung auffindbare Felsbildstation mit Wohnhöhle im Regenwald unterhalb von San Antonio del Monte (s. d.). Wellenkreise und Dreifachfiguration (ineinander komponierte, konzentrische Ringe).

Las Tricias

Ort im Nordwesten der Insel zwischen Puntagorda und Garafía. Wohnhaus (ehem. Schule) des früheren offiziellen Beauftragten für Archäologie, Ramón Rodríguez Martín, mit der größten Sammlung an Keramik, Werkzeug, Schmuck, Knochen und Petroglyphensteinen der Insel. Sehr schöne Stücke davon können im archäologischen Museum von Los Llanos besichtigt werden.
Unterhalb von Las Tricias die Felsbildstationen El Corchete, Fernando Porto, Fuente de Calefute und Buraca (s. d.). Hier beginnt der offizielle Wanderweg in die Schlucht von Buraca (s. d.)

El Corchete

Gleich unterhalb von Las Tricias (Nähe Friedhof) schöne Felsbildstation am Talschluss unterhalb der Straße: Neben einer im Dickicht versteckten Feuchthöhle sind hier eine ausladende Spiralform und eine schwingenartige Figuration in den roten Felsen graviert.

Fernando Porto

Nähe Cueva de Agua. Mehrere Wohnhöhlen in der linken Barrancowand, die vom ausgetrockneten Bachbett aus zu erreichen sind (Keramik- und Werkzeugfunde). Hier einige vereinzelte Petroglyphen auf kleineren Felsbrocken am Weg. Am rechten Barrancorand zweigt ein kleiner Barranquillo ab (Calefute) mit weiteren Felsbildern.

Fuente de Calefute

Seiten-Barranquillo am rechten Rand des Barranco Fernando Porto mit Quelle und mehreren, stark verwitterten Felsgravuren (konzentrische Kreise, U-Formen und Schalen im Fels).

Buraca

Eine wunderschöne Wanderung durch eine Urwaldschlucht mit vielen Drachenbäumen. Der Ort Las Tricias (s. d.) liegt zwischen dem gewaltigen Barranco de Izcagua und dem wesentlich kleineren Barranco del Corchete (s. d.). Wo sich beide Barrancos treffen, befindet sich der Caboco (Talschluss) Buraca – ein rotbräunliches Felsenhalbrund mit zahlreichen Wohnhöhlen der Benahoaritos (lange Zeit von Hippies benutzt, jetzt geräumt). Von Las Tricias aus ist Buraca bequem auf einem Wanderweg zu erreichen. Orientierungspunkt: die alte, zerfallene Windmühle von Las Tricias. Im Talschluss ist die Fuente de Buraca mit zwei interessanten Felsbildstationen: die erste rechts oberhalb an dunklen Basaltsäulen, die zweite weiter links auf Felspfeilern und abgebrochenen Blöcken. Einzelne versteckte Petroglyphen im Innern der Höhlen, in denen man bei systematischen Grabungen reichlich Keramikscherben, Steinwerkzeug usw. fand.

Ein Ausflug lohnt aber nicht nur in archäologischer Hinsicht. Buraca ist landschaftlich äußerst eindrucksvoll (Naturschutzgebiet), zumal sich hier der einzige Drachenbaumwald, den es auf der Welt noch gibt, befindet. Der zu imponierender Größe emporwachsende Drago ist eigentlich kein Baum, sondern ein urzeitliches Liliengewächs (Tertiär-Relikt-Flora, im Mittelmeerraum infolge eiszeitlicher Abkühlung ausgestorben, heute Kanaren-Endemit).

Drachenbäume bei Buraca

Dragos können viele hundert Jahre alt werden – das Musterbeispiel von Icod de los Vinos auf Teneriffa wird auf über eintausend Jahre geschätzt, was sicher stark übertrieben ist. Man kann ihr Alter nicht berechnen, da der Stamm über keinerlei Jahresringe verfügt. Dragos galten bei den Ureinwohnern als heilige Bäume. Aus ihnen ließen sich stabile Boote kerben, und der Saft, das sogenannte »Drachenblut«, spielte bei der Mumifizierung der Toten eine wichtige Rolle und war nachweislich sogar bei römischen Gladiatoren bekannt.

Fuente de Sauco
Felsbildstation im nördlichen Regenwald beim Rico de la Tabaquera.

Gallegos
Felsbildstation bei Barlovento (Los Moraditos).

El Palmar
Felsbildstation unterhalb des Cerro del Cerradero im äußersten Norden der Insel.

Juan Adalid
Felsbildstation am Barranco de Domingo im äußersten Norden der Insel.

Barranco de San Juan

Malerische Großhöhlenanlage (Cueva del Tendal) im Gemeindegebiet San Andres y Sauces mit Mauerresten aus jüngerer Zeit sowie deutlichen Siedlungsspuren der Ureinwohner (s. Seite 51). Zwei 1986 durch die Universität La Laguna, Teneriffa, begonnene Schichtgrabungen brachten reichhaltige Funde an dekorierten Keramikscherben, Lapas, Ziegenknochen, Sauzähnen und Basaltklingen zutage; die Radiocarbon-C-14-Messung ergab eine gesicherte Datierung von ca. 240 v. Chr. Da dies aber bisher nur die obersten Kulturschichten betrifft, ist noch mit wesentlich älteren Zeitbestimmungen zu rechnen. In der Nähe zwei weitere kleinere Felsbildstationen: La Corujera und El Bebedero.

Roque de los Muchachos

Mit 2426 m die höchste Erhebung der Insel. Hier wurden in der Nähe des Observatoriums verschiedene beachtliche Funde gemacht, z. B. eine riesige, sorgfältig gravierte Keramikschale (jetzt in Mazo zu besichtigen, s. d.), Reste eines Gorans (kleine Hirtenschutzhütte) und Steinkreise sowie vereinzelte Spiralen und separate Zeichen an exponierten Stellen (Naturmauern, Aussichtspunkte). Ein früher hier befindlicher und von alten Leuten noch erinnerter großer Tagoror wurde im Zuge der Pistenbauarbeiten durch Planierraupen bis zur Unkenntlichkeit zerstört. Von hier aus sind Expeditionen zur ca. 3 Fußstunden weiter unterhalb gelegenen Fuente de Tajodeque (s. d.) sowie zu den Felsbildern der Pared de Roberto (s. d.) möglich – allerdings wegen der schwierigen Bodenverhältnisse nur mit einem guten Führer!

Santa Cruz de La Palma

Die ruhige, romantisch-provinzielle Inselhauptstadt weist, was unsere Spurensicherung anbelangt, vor allem drei interessante Plätze auf: das Museo de Historia Natural y Etnográfico (an der Plaza España neben der Pfarrkirche San Salvador die Stufen hinauf). Im Saal über der alten Bibliothek sind Objekte der Natur- und Heimatkunde ausgestellt, u.a. Guanchenkeramik, Bumerangs usw. Das Museo Insular ist in einem der architektonisch anmutigsten Bauten der Insel untergebracht: im ehemaligen Franziskanerkloster Real Convento Franciscano de la Inmaculada Concepción (sechs Säle für die Fachgebiete Ethnologie, Kunst, Archäologie, Schiffsbau, Arbeit und Weinerzeugung), sehr sehenswert, Eintritt frei. Öffnungszeiten Winter: Mo-Sa. 10-20 h, So. 10-14 h (feiertags geschlossen), Sommer

(Juli bis Sept.): Mo-Sa. 9-18 h (sonn- und feiertags geschlossen). Nahe der Plaza General Franco ist in einer Nachbildung des Kolumbus-Schiffes »Santa Maria« das Schiffahrtsmuseum Museo Naval untergebracht.

Nambroque

Höchste Erhebung der Cumbre Vieja (1925 m), wie der Roque Idafe eigentlich der bizarr erodierte Rest eines alten Vulkanschlots. Zu ihm flüchteten die Menceys Jariguo und Garehagua von Tigalate mit dem Rest ihres Stammes, als sie gegen den spanischen Eroberer Fernández de Lugo im Kampf eine schwere Niederlage erlitten hatten. Laut dem »Atlas Básico de Canarias« soll es dort Felsbilder geben. Davon ist bei der (anstrengenden) Besteigung (von der Piste Refugio Forestal-Fuencaliente aus) wenig zu sehen. Dafür aber eine Felsenfestung mit Wohngebiet in der windgeschützten Klamm, eine steinbrockenumfasste Quelle und eine Visierkerbe zum Roque de Los Muchachos, die in die höchste betretbare Felsnase künstlich eingefügt wurde (Himmelsbeobachtung, Kalender?). Bei den Rissen auf der Felsnase kann nicht sicher unterschieden werden, ob es sich um echte, stark verwitterte Felsbilder oder um natürliches Formenspiel handelt.

Teneguía

Hier ist nicht der bekannte und oft besuchte Vulkan Teneguía gemeint (Straße von Fuencaliente aus gut beschildert), sondern der weiter westlich und tiefer gelegene Roque de Teneguía – wie der Idafe und Nambroque (s. d.) der erodierte Rest eines alten Vulkanschlots. Hier lag auch die in vielen Chroniken als die Lepra heilende, hochgerühmte heiße Quelle, die dem Ort

Fuencaliente seinen Namen gab (1677 beim Ausbruch des Vulkans San Antonio verschüttet. Die Quelle soll durch aufwendige Ingenieurleistung reaktiviert und eventuell sogar als Mineralwasser genutzt werden.).

Der gesamte südöstliche Hang des Roque ist mit megalithischen Petroglyphen bedeckt. Die Felsbilder sind stark verwittert und werden erst wieder deutlich, wenn man sie vorsichtig mit dem dort reichlich vorhandenen feinen, schwarzen Lavastaub bestreut. Die Formensprache der Bildzeichen ist äußerst vielseitig und reicht von einfachen Schlangenmäandern, Wellenkreisen, Labyrinthen bis zu kompliziertesten Figurationen, die (ähnlich El Paso, s.d.) eine astronomische Bedeutung vermuten lassen.

Tigalate Hondo

Große Höhlenanlage im Stammgebiet des Volkes von Tigalate. Etwas schwer zu finden: zu Fuß über die Wasserleitung Mazo–Fuencaliente bzw. mit dem Auto von Tigalate aus eine Sandpiste südlich zum Meer hinab. Diese Piste führt durch das alte, verlassene und recht zerfallene Dorf Tigalate Hondo bis zu einem neuerdings von Palmeros benutzten Badestrand (Holzhüttensiedlung). So weit hinab muss man aber nicht fahren, denn bereits vom verlassenen Dorf aus sieht man oberhalb des ausgetrockneten Bachbetts (links kleine Kapelle) die große Wohnhöhle. Kurz davor, noch im Bachlauf, ein einzelner Felsbrocken mit einer großen Spirale und einer kleineren Ornamentform. In der Höhle selbst auf heruntergebrochenen Felsstücken mehrere Ideogramme in einfacher Ellipsenform sowie ein steingefugtes Rundgrab mit deutlichen Ausgrabungsspuren. Eine weitere Begräbnisstätte befindet sich in dem kleinen, höhlenreichen Vulkankrater unterhalb von Tigalate rechts zu Beginn der Piste.

Die wilde, kaum mehr von Menschenhand berührte Landschaft längs der Küste (überall brachliegende Terrassen, zerfallene Hütten und Häuser) bietet sich für Tageswanderungen an. Die betonierte Wasserleitung lässt sich gut betreten.

La Erita / Era de los Guanches

Schöne Felsbildstation am östlichen Caldera-Rand. Es handelt sich dabei nicht um zwei verschiedene Plätze, wie die »Mapa Arqueológica de las Islas Canarias« fälschlich angibt, sondern um ein und dieselbe Stelle. Von Santa Cruz aus über Mirca und die ausgeschilderte Piste Richtung Roque de los Muchachos bzw. Pico de la Nieve (2239 m). Nach 27 km Parkplatz. Von dort ca. 1,5 km Fußweg: in der letzten Südkehre unterhalb des Gipfelkreuzes links hinunter, an Metallmessmarke vorbei, durch kleinen Kiefernwald, scharf links hangquerend abwärts an Felsen vorbei, bis eine auffallend elliptische Felsformation folgt, die wie ein riesiger, natürlicher Tagoror wirkt. Hier überall Felsbilder der megalithischen Art (Spiralen, Mäander und Ornamente) sowie kleine Ideogramme (Kreise und Ovale mit und ohne Querstrich und streng konstruierte Piktogramme) sowohl an der Oberseite der (leicht erkletterbaren) Basalttürme als auch auf heruntergefallenen, verstreut herumliegenden Blöcken. Der Ort bietet sich nicht zum Wohnen, wohl aber als idealer Versammlungsplatz an. Herrliche Aussicht in die Caldera de Taburiente und auf die Ostküste mit Santa Cruz.

Cueva de Agua

Die von der Piste Garafía–Las Tricias (hinter der Windmühle, die durch den Barranco Fernando Porto, s. d., führt, nicht dem Wegweiser zum Dorf »Cueva de Agua« folgen!) deutlich zu erkennende, große Höhle wurde lange Zeit als Wasserdepot benutzt (Waschsteine und betonierte Becken). Die Nachbarhöhle diente zum Trocknen von Ziegeln und als Tanzlokal (Cueva de los Bailes). Unterhalb dieser Stelle Felsbildstation mit verstreut liegenden Petroglyphensteinen.

Garafía (Santo Domingo de Garafía)

In der Umgebung des Ortes liegen etliche interessante Felsbildstationen. Diese Konzentration sowie zahlreiche Wohnhöhlen und Kultplätze weisen auf eine ehemals sehr dichte Population hin. Es finden sich ausschließlich alte, megalithische Steinsetzungen und Petroglyphen, die z. T. stark verwittert sind.
1. El Calvario: Auf den verwilderten Terrassen unterhalb des Friedhofs sind eindrucksvolle Spuren zu finden. Mehrere aufrecht fixierte, beidseitig gravierte Steine, einer davon in südamerikanischer Art. Wenn man sorgfältig das Gelände absucht, so sind noch mehr Steine dieser Art zu finden – sie liegen verstreut auf den Terrassen und sind z. T. zum Bau der Trockenmauern verwendet worden. Man muss darauf achten, dass es sich auch tatsächlich um echte megalithisch gravierte Zeichen handelt und nicht um solche, die Spuren einer späteren Feldkultivierung (Pflugscharten) aufweisen. Vor etwa 80 Jahren (der Vater des ehemaligen Inselkommissars für Archäologie, Ramón Rodríguez Martín berichtete darüber) war hier noch deutlich das Ruinenfundament einer Pyramide zu sehen. In den Chroniken wird von mehreren Pyramiden berichtet, die in bestimmten Stammesgebieten von den Menceys, Priestern und Priesterinnen als Kultplätze benutzt wurden. Die Rekonstruktion der Pyramide von El Calvario würde zwar beträchtliche Mühe machen, erscheint mir aber aufgrund des reichlich vorhandenen Materials generell möglich. Interessant ist ferner, dass sich im

Zentrum des Kultplatzes »El Calvario«, der sowieso schon an exponierter Stelle mit Blick auf das Meer und eine bizarr geformte Felseninsel liegt, ein auffallend anders gearteter Stein befindet: Er ist aus rotem Material, steht aufrecht und weist zwei deutliche Augenlöcher sowie ein gebohrtes Mundloch auf. Solche menschenartig geformten Kleinmenhire sind auch an anderen Stellen des megalithischen Kulturraums anzutreffen und erfüllen dort die Funktion von sogenannten »Seelensteinen« – das offene Mundloch ist zum Aus- und Einfliegen der Seele bestimmt.

Das gesamte Arrangement von Garafía-El Calvario vermittelt eine beeindruckende Atmosphäre und weist wieder einmal darauf hin, wie wichtig den Erbauern eine ästhetisch reizvolle Umgebung war. In der Nähe dieses Platzes (der Piste folgend, unterhalb der ersten Kurve) liegt ein weiterer verwitterter Stein mit einem ohr- oder embryoartigen Labyrinth (ähnlich Tamarahoya s. d.).

2. Casas del Calvario: Kleine Gemarkung oberhalb des Friedhofs mit verstreut liegenden Petroglyphensteinen. Unterschiedliche Muster: U-Form, konzentrische Wellenkreise, Mäander und Labyrinthformen, z. B. an der Mühle und dem daran vorbeiführenden Weg, als Schmuckstein in einem Haus unterhalb der Mühle, im Hof eines Anwesens (Familie Leo Clemente Rodríguez Hernández) sowie auf den verwilderten, von Kakteen überwucherten Terrassen unterhalb davon. Hier findet sich ein merkwürdig geformter und z. T. künstlich bearbeiteter Felsblock mit konkaven Flächen und geschwungener Lehne sowie stark verwitterter Gravierung (kompliziertes Rundformenmuster und Schlangenlinie). Weiter abwärts am Barrancorand mehrere Petroglyphensteine und gravierte Platten (Labyrinthe) sowie ein Felsblock mit großer Spirale, kleiner Spirale und verwittertem Wellenmuster.

Wenn man der Trittspur folgt, stößt man weiter unten auf rötlich-braune Felsbänke mit drei bzw. vier sehr deutlichen Spiralen. Noch tiefer der Küste zu folgt eine 10-rillige Spirale (nur zum Teil erhalten) sowie weitere Steinblöcke mit Mäandern, Spiralen und anderen Motiven. Die erstmals von Adam und Ursula Reifenberger beschriebenen Felsbildstationen von Casas del Calvario wurden von der Familie Rodríguez Hernández entdeckt, die auch gern eine Führung übernimmt (oben im Haus neben der Mühle fragen).

3. Barranquillo del Calvario (auch Barranco Cruz Pasión genannt): Nach dem Waschhaus mit Passionsholzkreuz führt der kleine Barranco direkt bei der Brücke ab. Hier sind mehrere, inzwischen als Stallungen benutzte, Wohnhöhlen zu finden sowie an beiden Barrancowänden diverse Felsbilder: Spiralen, Mäander, ein Doppellabyrinth sowie weitere komplexe Muster aus kombinierten Mäandern.

4. Los Hondos de Garafía: Wenige hundert Meter unterhalb der Schule mehrere Felsbilder, Spiralen und konzentrische Rillen, letztere wieder einmal als Baumaterial in eine Hausmauer neben der Stirnseitentür eingebaut.

5. Barranco de la Luz: Dies ist der große Barranco, an dem Garafía liegt. An beiden Ufern zahlreiche Wohnhöhlen. Felsbildstationen an der Nordseite. Der Barranco lässt sich leicht vom Ort aus passieren, ein sehr schöner Weg: Hier auf rotbraunem Felsen direkt über einem Höhleneingang ein Labyrinth, daneben eine kleinere Spirale. Auf den verwilderten Terrassen des nördlichen Hangs weitere einzelne Steine mit konzentrischen Kreisen, Spiralen und Mäandern. In eine Trockenmauer eingebaut findet sich ein rotbrauner Quader mit Resten von Wellenringen. Großflächige Figurationen (Wellenkreise und Rundmuster) sind auch auf Basaltsäulen nahe einem Wohnhaus (grüner Giebel, hinter dem Hühnerstall schmaler Steig durch Kakteen

hinauf) versteckt. Es ist anzunehmen, dass sich im oberen, sehr steilen Teil des Barranco de la Luz weitere Felsbildstationen befinden. Hier wird von alten Leuten der Umgebung auch ein vergessener Versammlungsplatz und ein Guanchenfriedhof vermutet.

Weitere Wohn- bzw. Begräbnishöhlen (Cuevas)

Cueva de la Higuera (nördlich von Barlovento), Cueva del Barranco de Álvaro (Gebiet Los Marantes), Cueva del Barranco del Agua (südlich von Los Sauces), Cueva del Barranco de Nogales (am Fuße des Berges La Galga, 437 m), Cueva de los Guinchos (dicht südlich vor Santa Cruz), Cueva del Humo (südöstlich von Santa Cruz), Cueva del Barranco del Cuervo (südlich von Breña Alta), Cueva de Aduares (südwestlich von Breña Alta im gleichnamigen Barranco am Fuße der Cumbre Nueva), Cueva de Tigalate (Tigalate), Cueva de Briesta (Garafía), Cueva del Roque (südöstlich von Mazo, untere Küstenstraße, im Barranco San Simón), Cueva de los Pedregales (El Paso), Cueva de San Francisco (Barranco Izcagua bei Las Tricias), Cueva del Sol (Puntagorda), Cueva del Roque de la Guerra (Mazo, zum Teil durch Flughafenbau zerstört), Cueva de Palmera (Tijarafe), Cueva del Espigon (Puntallana), Cueva del Paso (El Paso), Cueva de la Cucaracha (Mazo). Beachten Sie bitte Anmerkung 6.

Gebäudereste aus vorspanischer Zeit

Cruz de la Reina (Las Tricias), Corralete de la Barca (Garafía), Tanausú (Caldera de Taburiente), Tamarahoya 3 (am Bejenado).

El Hierro

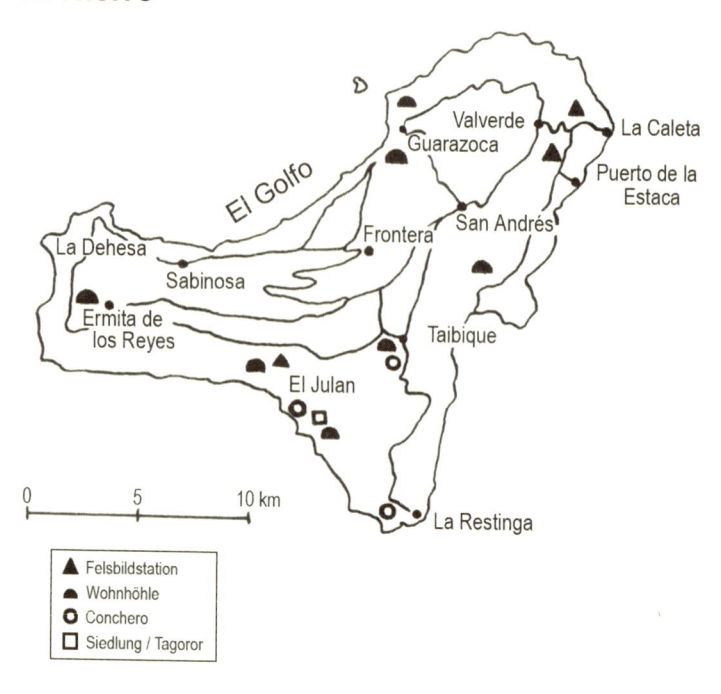

[Karte von El Hierro mit folgenden Ortschaften und Markierungen: Valverde, Guarazoca, La Caleta, Puerto de la Estaca, El Golfo, La Dehesa, Sabinosa, Ermita de los Reyes, Frontera, San Andrés, Taibique, El Julan, La Restinga. Maßstab: 0–5–10 km.]

Legende:
- ▲ Felsbildstation
- ● Wohnhöhle
- ○ Conchero
- □ Siedlung / Tagoror

El Hierro in Stichworten
Alter Name: Esero, Einwohner: Bimbaches. Geschätzte Einwohnerzahl damals: nicht bekannt, wahrscheinlich gering. Größe: 277 qkm. Hauptstadt: Valverde. Höchste Erhebung: Alto del Malpaso (1501). Südwestlichste der Inseln. Besondere Kennzeichen: sehr viele Felsbilder (überwiegend Form 2), archäologisch interessanteste Zone: El Julan mit Steinkreisen, Tempelresten, Concheros, Brandopferaltären usw. Einfache, nicht verzierte Keramik. El Hierro darf als absoluter Geheimtipp gelten. Hier können Sie eine Insel im Urzustand erleben, sich sehr leicht in die Welt der Ureinwohner hineinversetzen und mancherorts auf ihre Spuren stoßen.

Ortsbeschreibungen

El Julan   133
Cueva del Caracol   136
Tejeleita   137
Barranco del Cuervo   138
La Caleta   138
La Candia   139
Santillos de los Antiguos   139
Ermita / Cruz de los Reyes   139
Valverde   140
Arbol Santo / Garoé   140
Antike Ruinendörfer   140
El Albarrada   141
El Mocanal   141
Pozo de los Calcosas   141
La Guinea / Ecomuseo   141
Guarazoca / El Pinar   141
Las Montañetas   142
Concheros   142
Wohnhöhlen   142
Nekropolen   142

El Julan

Ca. 30 qkm großes, hochinteressantes archäologisches Gebiet an der Südwestküste der Insel, Naturschutzzone, seit neuestem mit einem Besucherzentrum ausgestattet. Bereits 1870 wurde hier die ungewöhnlich große Anzahl von Petroglyphen auf den glatten Lavaplatten entdeckt, die Dominik J. Wölfel und in neuerer Zeit Herbert Nowak sowie A. und U. Reifenberger (siehe Bibliographie) erforschten. Besonders an den Felsbildstellen Los Letreros und Los Numeros kommen alle drei Arten von Zeichen vor: megalithische Spiralen und Mäander (vereinzelt), Ideogramme (die Mehrzahl ausmachend) und afrikanisch anmutende Schriftzeilen (selten). Von besonderer Bedeutung ist auch die Darstellung eines Schiffes. Allerdings muss erwähnt werden, dass leider bereits rund 60 Prozent der Fundstücke mutwillig herausgebrochen und – wahrscheinlich von ortskundigen Einheimischen – als »Antiquitäten« verkauft wurden.

El Julan scheint eine zentrale Kultstätte von großer Bedeutung für die Ureinwohner gewesen zu sein, jedenfalls fällt die Häufung von Sakralbauten auf: mehrere kleine Brandopferaltäre (1966 von Cuscoy systematisch ausgegraben und untersucht), zwei große Tagorors (einer davon mit deutlich herausgehobenem Häuptlingssitz) und die Grundrisse einer Tempelanlage mit mehreren Rundkammern. Die letztgnannte Anlage wurde von Verneau (s. Literaturverzeichnis) als Efequenes (rundes, doppelwandiges Heiligtum) mit Pferchen für Opfertiere und Priesterzellen gedeutet. Es fanden sich Stützbalken für das Dach, gepflasterte Böden und große, nicht aus der näheren Umgebung stammende Steinplatten, die aufgerichtet als Innenwände dienten. Leider wurde in Verkennung der ursprünglichen Funktion aus diesen Platten von A. Closs ein 5 m hoher Altar aufgeschichtet und die gesamte Anlage irrtümlicherweise als »Tagoror« bezeichnet. Jeder einigermaßen archäologisch bewanderte Besucher kann sich von der offenkundigen Fehlinterpretation dieser unsensiblen »Rekonstruktion« an Ort und Stelle leicht selbst überzeugen.

Im Umkreis des Platzes und auch an weiter davon entfernten Stellen finden sich teilweise riesige Concheros mit Keramikscherben, die darauf hindeuten, dass das Gebiet über viele Jahrhunderte

Petroglyphen im El Julan auf El Hierro

hinweg als »Wallfahrtsort« von den Ureinwohnern benutzt wurde. In dem der Felsbildstation Los Letreros benachbarten Barranco de las Canales liegen zwei Wohnhöhlen (von Cuscoy untersucht) mit weiteren Muschelschalen und Keramikresten als »Hausmüll«. Weiter westlich davon ein Friedhof (Cementerio Guanche). Es kann als gesichert gelten, dass einige angesehene Tote (Häuptlinge, Priester?) in Gruben zwischen Steinen und Lavaströmen bestattet wurden, wobei über ihrem Körper mit langen Steinen eine Pyramide zu einem Tumulus gebildet wurde (Pancho García).

Ganz aktuell: Im Juli 2008 wurde im El Julan ein Besucherzentrum eröffnet, von dem aus Führungen zu den archäologischen Fundstellen angeboten werden (täglich um 10.15 Uhr). Der Rundgang ist circa acht km lang und dauert vier Stunden. Öffnungszeiten: Mo.-Fr. 8-15 Uhr.

Der interessierte Besucher wird feststellen, dass El Hierro inzwischen »La Isla del Tifinagh« genannt wird. Das entspricht dem derzeitigen Forschungsstand. Die meisten Wissenschaftler halten die Inschriften von El Julan und andere Felsbildstationen auf der Insel für berberisch-libysch, ohne sie übersetzen zu können. Andere Forscher sind davon nicht so überzeugt. Man darf gespannt sein, wie sich der wissenschaftliche Diskurs weiter entwickelt.

Cueva del Caracol (Schneckenhöhle)

Verzweigtes Höhlensystem in der Dehesa (unbesiedelte Weidefläche im Südwesten der Insel), nahe der Ermita de los Reyes. Von hier aus findet alle vier Jahre im Juli die »Bajada de la Virgen de los Reyes« (Herunterbringung der Jungfrau der Heiligen Drei Könige), das zentrale Fest von El Hierro, statt. Obgleich das Ritual heute den Charakter eines von Wunderglauben und Legenden umrankten Marienfestes (mit der unbedingt dazu gehörenden Kirmes) besitzt, gehen die magischen Traditionen weit in die vorchristliche Zeit zurück. Es ist urtümlich ein matriarchalisch orientiertes Fest der Hirten (Herreños) gewesen, bei dem es um die Beschwörung der Fruchtbarkeit (Erdmutter) ging. Noch heute sind bei der »Bajada« Relikte davon zu spüren: Musik voreuropäischer Harmonie und Rhythmik (»Tango herreño«), bei der Trommeln, Kastagnetten, Querflöten und Gesang eine besondere Rolle spielen, sowie rituelle Tänze. Interessanterweise beginnt die »Bajada« nicht an der Ermita, sondern in den Höhlen der Cueva del Caracol. Hier übernachten die Pilger und feiern mit gemeinsamem Essen, Trinken und Gesang wie ihre Vorfahren (die Bimbaches), die in und vor den Höhlen größere Mengen an Meeresschnecken (Lapas) verspeisten. Reste von Concheros sowie Keramikscherben sind deutliche Spuren dieses archaischen Kultes. Der Weg der »Bajada« führt übrigens an einigen historisch interessanten Plätzen der Insel vorbei. Er folgt dabei dem Höhenzug, der El Hierro in zwei Hälften teilt, und endete früher sicherlich nicht in der Hauptstadt Valverde, sondern führte zum El Julan weiter, was der großen Bedeutung der »heiligen Zone« gerecht wird (s. d.).

Tejeleita

Interessante Felsbildstation nahe der Straße Puerto de la Estaca (Hafen)–Aeropuerto/Tamaduste/La Caleta im Barranco de Tejeleita. Abwärts an der zugemauerten Cueva vorbei, rötlicher Basaltfelsen oberhalb eines Felsentores. Hier einige alphabetiforme Petroglyphen afrikanischer Prägung.

Barranco del Cuervo

An der Station Tejeleita weiter die Straße zum Puerto de la Estaca hinab, nach 200 m folgt rechts der Barranco mit Trittspur den Hang hinauf. In den Felsen oberhalb der Tuffnischen verschiedene Petroglyphen (alle drei Formen: Mäander, einfache Ideogramme und alphabetiforme Zeichen).

La Caleta

Direkt am glattgeschliffenen Küstenfelsen unterhalb des Dorfes sehr gut erhaltene alphabetiforme Petroglyphen in mehreren senkrechten Zeilen. An einer Stelle ist als oberstes Zeichen eine Art Anker zu erkennen.

Sadebaum auf El Hierro

La Candia

Kleiner Barranco oberhalb des Flughafens an der Straße nach Tamaduste mit niedriger Wohnhöhle im rötlichen Fels. Über dem Eingang befinden sich zahlreiche Schriftzeilen in Alphabetiform. Weiter oberhalb dieser Stelle an dunklen Basaltblöcken befinden sich ähnliche Zeichen.

Santillos de los Antiguos

Im Süden, ca. 7 km vom El Julan entfernt, südlich von El Pilar (am Montaña Tembargena, 774 m) sind zwei Felsen zu sehen, die heute »Santillos de los Antiguos« genannt werden und für die Bimbaches die Bedeutung von Ahnenmonolithen (550 m) besaßen (ähnlich dem Idafe auf La Palma). In der Sprache der Ureinwohner hießen sie Eraorahan (Stammvater) und Moneiba (Stammutter). Sie galten als Hochsitze (Seelensteine), auf denen göttliche Urwesen aus dem Himmel landeten, um die Gebete der Menschen zu erhören. Die Chroniken geben auch hier deutliche Hinweise auf einen dualistischen Fruchtbarkeitskult. Sicher ist, dass es sich – wie im El Julan – um einen Regentanzplatz gehandelt hat. Der »Bailadero« (Tanzplatz) ist eine Verballhornung des Wortes »Baladero« (Ort des Blökens): Hier wurden Lämmer von den Muttertieren getrennt bzw. geopfert. Das Blöken der Lämmer sollte Moneiba rühren und zu (Regen-)Tränen animieren. In der Nähe liegt eine Begräbnishöhle.

Cruz de los Reyes

Höchster Punkt der alle vier Jahre stattfindenden »Bajada de la Virgen de los Reyes« mit bedeutendem Tanz- bzw. Festplatz im Kiefernwald. In der Nähe, am Alto del Malpaso, dem höchsten

Gipfel der Insel (1501 m) steht ein heute kaum noch beachteter Menhir.

Valverde

Museo Municipal (»Exposición de Fondos Etnográficos y Arqueológicos«) im Cabildo Insular, Calle Licenciado Bueno 1, mit Hausrat, Schmuck und Handwerkskunst der Ureinwohner. Besuchenswert ist auch das archäologische Museum in der Calle Juan Ramón Padrón Pérez 1, Valverde. Die Hauptstadt El Hierros ähnelt mehr einem größeren Dorf als einer Stadt. Sie können sich hier im Cabildo Insular (Inselbehörde) deutschsprachig über die Vorgeschichte beraten lassen. Ein guter Start für Ihre Ausflüge!

Arbol Santo / Garoé

Der wasserspendende Wunderbaum El Hierros, um den sich vielerlei Legenden ranken. Er befindet sich zwischen den Ruinendörfern El Albarrada und Las Montañetas bei San Andrés. Trinkwassergewinnungsstelle (aufgrund Nebelkondensation und tonhaltigem Untergrund) mit vielen »Charcas« (in den Tuff getriebene Schöpflöcher). Der ursprüngliche Garoé, über den noch Torriani 1597 berichtete, wurde 1610 durch einen verheerenden Wirbelsturm entwurzelt. Inzwischen wächst an gleicher Stelle zwischen Felsen versteckt ein neu gepflanzter »Til«. Dieser endemische Baum wird durch die spanische Übersetzung irreführend als Linde bezeichnet.

Antike Ruinendörfer

Verlassene, frühspanische Kolonistensiedlungen in mörtelloser Trockensteinbauweise mit zum Teil noch Resten von Strohsatteldächern.

El Albarrada

Erste »Hauptstadt« der Insel auf der Meseta de Nisdafe nahe San Andrés. Eindrucksvolle Anlage mit Resten von Häusern und Straßen in einem weiträumigen durch Mauern (daher der Name!) eingezäunten Gebiet.

El Mocanal

Einige Hausreste am Rande des Ortes Mocanal.

Pozo de las Calcosas

Relativ gut erhaltenes, verlassenes Dorf in einer Badebucht bei Mocanal. Da sich hier allerdings einheimische Fischer und Wochenendausflügler »einnisten«, wird die zunehmende Bautätigkeit als störend empfunden. Wegen der schönen Lage und guten Möglichkeit zum Schwimmen dennoch einen Ausflug wert.

La Guinea / Ecomuseo

Kleines Ruinendorf an der Straße von La Frontera nach Las Puntas. Ein Spaziergang durch die Siedlungsreste vermittelt einen sehr guten Eindruck von der früheren Lebens- und Bauweise. Hier werden auch die berühmten »Riesenechsen« in einer speziellen Brutstation nachgezüchtet.

Guarazoca und El Pinar

Gehören mit zu den ältesten Ortsgründungen in ursprünglich unwegsamer Gebirgsgegend (als Schutz vor Piratenüberfällen).

Las Montañetas

Antikes Dorf bei Guarazoca, das, weil es noch bis ins 18. Jhd. bewohnt war, einige gut erhaltene Reste von Strohdächern zeigt.

Concheros

El Julan (s. d.), La Restinga (westlich des Ortes nahe dem Meer), Taibique (südlich nahe der Straße nach La Restinga), Los Llanillos (am El Golfo, Straße von Frontera nach Sabinosa).

Wohnhöhlen

Cueva del Hoyo de los Muertos (am El Golfo bei Guarazoca), Juaclo de las Puntas (bei Las Puntas), Cueva del Lagial (bei Taibique), Barranco de las Canales (El Julan), Cueva de las Chiras (Tamaduste).

Nekropolen

Los Santillos de los Antiguos (s. d.), Cueva de Azofa (auch Cueva del Letime genannt), im Barranco de la Fuente de Isora (hier sind weitere Schriftzeichen gefunden worden), Sabinosa, El Venero (bei Barranco de la Playa del Molinar).

La Gomera

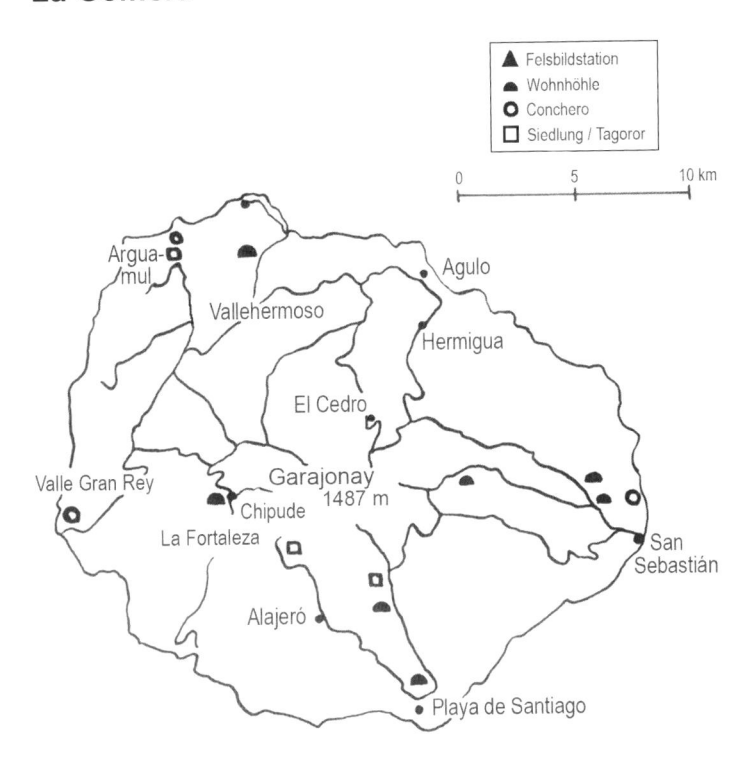

La Gomera in Stichworten:

Alter Name: Gomera, Einwohner: Gomeros. Einwohnerzahl damals: nicht bekannt. Größe: 378 qkm. Hauptstadt: San Sebastián. Höchste Erhebung: Alto Garajonay (1487 m). Westliche Insel nahe Teneriffa, stark bewaldet. Besondere Kennzeichen: schiffsförmige Felsbilder, zahlreiche Bergheiligtümer mit vielen Steinkreisen und Concheros. Es wurde Werkzeug aus Obsidian gefunden, der nicht auf der Insel vorkommt und von Teneriffa stammt. Ein weiterer Beweis für die frühe Seefahrt der Ureinwohner!

Ortsbeschreibungen

Fortaleza de Chipude   145
San Lorenzo   148
Chipude   148
Gerián   148
Era de los Antiguas   149
Arguamul   149
Playa del Inglés   149
Montaña del Calvario   150
Roque de Agando   150
San Sebastián   152
Punta Llana   152
El Cercado   152
Degollada de Peraza   153
Garajonay   153
Weitere Wohn- und Begräbnishöhlen   153

Die Fortaleza de Chipude

Fortaleza de Chipude

Ca. 1 qkm große Hochebene auf dem weithin sichtbaren Tafelberg bei Chipude (1241 m). Der alte Name lautet »Argoday« bzw. »Kerkur«, was soviel wie Festung bedeutet. Auch das spanische Wort »Fortaleza« steht für Festung bzw. Macht, Kraft, Mut, Stärke. Das Bergheiligtum mit seinen zahlreichen großen und kleinen Steinkreisen (zum Teil doppelwandig mit gepflastertem Boden), Opferaltären und kleinen Menhiren (»Baetyles«, Ahnensteine) und an Langgräber erinnernden, ovalen Steinsetzungen wurde 1881 von Bethencourt, 1890 von Verneau und 1967 von Nowak (siehe Bibliographie) untersucht. In vielen der kleineren Steinkreise finden sich in den Boden eingebackene Knochensplitter, allerdings keine Keramikscherben.

Steinanlagen auf der Fortaleza de Chipude

Die von der Universität La Laguna, Teneriffa, durchgeführten Grabungen brachten Ergebnisse, die als »Siedlungsreste« bezeichnet wurden, ohne die eindeutigen Hinweise auf eine religiöse Nutzung entkräften zu können. Die Tatsache, dass ein Siedlungsgebiet ohne Wasservorkommen schwerlich, eine gelegentlich aufgesuchte Sakralzone dagegen eher vorstellbar ist, sollte nachdenklich stimmen. Auf der – gelegentlich nebelverhangenen – Hochfläche sind aber noch einige Besonderheiten mehr zu erwähnen, die der Deutung bedürfen:

So finden sich an mehreren Stellen große Steinblöcke, die an der Unterseite durch kleinere Steine verkeilt aufgestellt wurden und ein wenig an Dolmen erinnern. Ferner stößt man im niedrigen Dickicht gelegentlich auf längere Trockenmauern aus beachtlichen Quadern, die etwas unmotiviert durchs Gelände führen. Einer der größeren Steinkreise wurde überraschenderweise in Form einer Doppelspirale angelegt. Einige der kleineren Steinkreise weisen sich durch die Knochensplitterfunde als Opferaltäre aus (bläulich verbrannte Knochen). Wieder andere erinnern mehr an Grabstellen; bei ihnen finden wir auch die aufrechtstehenden Kleinmenhire (Baetyles).

Dies alles spricht eher für eine Sakralzone, wobei nicht ausgeschlossen werden kann, dass das Hochplateau in der Zeit der spanischen Eroberung und möglicherweise auch noch danach als Rückzugsgebiet von den Altgomerern genutzt wurde. Die Fortaleza de Chipude ist am besten von Pavón, einem winzigen Ort kurz hinter dem Dorf Chipude, aus zu erreichen. In Pavón führt ein Fußweg links von der Straße ab zwischen einzelnen Gehöften hindurch. Kurz nach dem letzten Haus geht der (gekennzeichnete) Pfad rechts weiter in Richtung Bergkamm. Ein bisschen Klettern ist für den – ansonsten leicht zu bewältigenden – Weg erforderlich.

San Lorenzo

Bergrücken (1193 m) unmittelbar gegenüber der Fortaleza de Chipude (durch den tiefen Barranco de Erque getrennt). Abstieg von der Straße aus nach Hermigua–San Sebastián. Unterhalb der Ermita San Lorenzo führt ein schmaler Kammpfad zur tiefergelegenen Finca Los Apules. Etwas oberhalb, an exponierter Stelle, stößt man auf mehrere versteckt gelegene Rundbauten und eine sakrale Anlage, die von großen Bruchsteinen umrandet ist. Deutlich sind hier gefugte Schwellensteine, eine Opfernische sowie drei Bohrungen in der Funktion von Halteösen oder Türangeln (?) zu erkennen. In der Nähe befindet sich ein sehr großer Steinkreis zwischen Trockenmauern aus spanischer Zeit. Das Gebiet liegt bereits seit längerer Zeit brach und ist inzwischen völlig zum Ödland geworden.

Chipude

Kleines altes Dorf mit ehemals großer Bedeutung (Chipude war einmal die Hauptstadt der Insel!) am Fuße des Tafelbergs Fortaleza. Hier wird noch immer wie zu Zeiten der Ureinwohner einfache, aber formschöne Keramik per Hand ohne Töpferscheibe gefertigt. Die Gefäße sind glatt und weisen keine Verzierungen auf. Schöne Souvenirs!

Gerián

Sehr kleines Dorf (zwei Familien). Der Erdweg dorthin führt von der Straßenverzweigung San Sebastián–La Dama ab. In den rechts unterhalb befindlichen Felsbändern sind noch einige Höhlenwohnungen zu besichtigen.

Era de los Antiguas

Bergheiligtum auf dem schroffen Cerro de Bejira (473 m) zwischen den Dörfern Tazo und Arguamul im Nordwesten der Insel. Der Zugang erfolgt auf einer schwindelerregend steilen und wegen der rutschigen Bodenformation gefährlichen Trittspur von der Piste nach Arguamul aus. Die nicht sehr große Zone enthält einen ca. 10x14 m großen Conchero mit zahlreichen Keramikscherben, einen großen, doppelwandigen Tagoror, einen kleineren, ebenfalls doppelwandigen Tagoror sowie zwei auffallend placierte Menhire. Der größere davon ist, wenn man seine Position kennt, von der Piste aus zu erkennen. Von hier aus führt ein beschwerlicher Pfad über den Kamm zum Meer hinab, wo sich östlich des Cerro de Bejira ein weiterer Conchero in Seenähe befindet (Strandklippen des Playa Santa Catalina). Es liegt die Vermutung nahe, dass auch dieses Bergheiligtum in späterer Zeit noch als Rückzugsgebiet der Ureinwohner genutzt wurde.

Arguamul

Zwei Concheros in Strandnähe unterhalb des Dorfes. Einer davon (7,5 m lang) barg reichhaltige Funde an Keramikscherben u. a. Fragmente eines großen Gefäßes. Mitten im Conchero befindet sich ein kleiner Menhir.

Playa del Inglés

Rechts vom Strand des Valle Gran Rey größerer, leider recht zerstörter Conchero. Die hier lange Zeit vermuteten und in verschiedenen Büchern erwähnten Felsbilder haben sich als »Ente« herausgestellt.

Montaña del Calvario

Abgeflachter Bergrücken (807 m) bei der Gemarkung Alajeró. Bei der Besichtigung (Prozessionsweg von Alajeró aus) fällt zunächst die kleine, 1959 erbaute Kapelle nahe dem geodätischen Messpunkt auf. Bei näherer Untersuchung stößt man auf zahlreiche, in merkwürdiger Formation verlaufende, niedrige Steinarrangements (Terrassenanlagen sind für dieses Gebiet auszuschließen) sowie einige an Tumuli erinnernde Steinhäufungen. Bei einem der Plätze ist deutlich eine Rundkonstruktion mit herausragendem Kleinmenhir zu erkennen, eine weitere Steinsetzung weist im Zentrum eine konische Öffnung auf (Brandopferaltar?). Etwas unterhalb der Hochebene stößt man auf einen Tagoror mit ungewöhnlich großen, sorgfältig in Standposition verkeilten Felsbrocken und gepflastertem Fundament. Unterhalb des Geländes befindet sich eine Reihe von Wohn- und Begräbnishöhlen.

Roque de Agando

Bizarr aufragender Felsen (1250 m) an der Straße San Sebastián–Valle Gran Rey in der Nähe des Nationalparks Garajonay. Hier fanden deutsche Bergsteiger, die 1990 den Fels alpinistisch erklommen (Schwierigkeitsgrad 5!), eine Reihe von mysteriösen Funden: Fünf Schalen bzw. Töpfe aus Stein, die einzigartig in der kanarischen Archäologie sind. Handelt es sich um eine Sakralzone, die von den Ureinwohnern zu »Mutproben« benutzt wurde? Neben dem Roque de Agando befindet sich die neue Gedenkstätte für den großen Waldbrand von La Gomera, der vor einigen Jahren viele Opfer forderte.

Der Torre del Conde am Hafen von San Sebastián

San Sebastián

Inselhauptstadt mit drei historisch interessanten Gebäuden: Der Torre del Conde (Grafenturm) im gotischen Stil ist der einzige auf den Kanaren erhaltene mittelalterliche Festungsbau. Er wurde von Hernán Peraza d. Älteren 1445-1450 als Stützpunkt für die Unterwerfung der Insel errichtet. Dieses bedrohlich wirkende und von zahlreichen Legenden umrankte Gebäude erreichte traurige Bedeutung, als 1484 Hernán Peraza d. Jüngere mit Beatriz de Bobadilla während des großen Aufstands in den (damals noch durch Wehrmauern befestigten) Turm flüchten musste. Beatriz de Bobadilla, die grausame Sklavenjägerin, vier Jahre später – nach der Erschlagung von Peraza – noch einmal. Die Pfarrkirche Nuestra Señora de la Asunción (Mariä Himmelfahrt) wurde von Hernán Peraza d. Älteren als kleine Kapelle errichtet und 1490 zur großen Kirche umgebaut. Das Casa de Colón wird als Absteigequartier für Christoph Kolumbus ausgegeben, der von hier aus zur Wiederentdeckung Amerikas aufbrach. Das heute zu besichtigende Haus stammt allerdings aus dem 17. Jhd. In der Nähe befindet sich der Columbusbrunnen. Alle Punkte sind bei einem Besuch San Sebastiáns bequem zu Fuß zu erreichen, sie liegen nicht mehr als 200 m von der Plaza entfernt. Interessant: das Museo Arqueológico de La Gomera an der Plaza.

Punta Llana

Conchero nördlich von San Sebastián.

El Cercado

Kleines, ärmliches Dorf zwischen Chipude (s. d.) und Pavón (am Fuße der Fortaleza s. d.), in dem noch einige Frauen das alte Töpferhandwerk ohne Drehscheibe beherrschen.

Degollada de Peraza

Aussichtspunkt am Barranco de Santiago, Nähe Santiago. Hier befindet sich die Höhle der Prinzessin Iballa, deren Liebschaft mit Hernán Peraza d. Jüngeren Anlass zum Volksaufstand der Gomerer gegen die spanische Unterdrückung wurde. In der Nähe der Höhle wurde Peraza von dem Gomererprinz Huatacuperche ermordet.

Garajonay

Bewaldeter Bergrücken (1487 m), Nationalpark. Hier, in schwer kontrollierbarem Gelände, verschanzten sich die Aufständischen nach dem Tyrannenmord an Peraza (siehe oben). Als das spanische Heer Pedro de Veras mit vierhundert schwerbewaffneten Soldaten aus Gran Canaria kam, wurden die Gomerer mit List und falschen Versprechungen nach San Sebastián gelockt und zu Hunderten niedergemetzelt. Funde aus dieser Zeit sind im Gebiet des Garajonay zwar nicht gemacht worden, generell aber nicht auszuschließen (ehemals Sakralzone).

Weitere Wohn- und Begräbnishöhlen

Cuevas del Barranco de los Cocos (bei Santiago), Cueva del Roque de la Cruz (bei Santiago), Cueva de los Toscones (westlich von Puntallana), Cueva del Roque de la Campana (südwestlich von Puntallana), Cueva del Conde (Barranco de la Villa), Cueva de la Degollada de las Vacas (Barranco de las Lajas), La Culata (Vallehermoso).

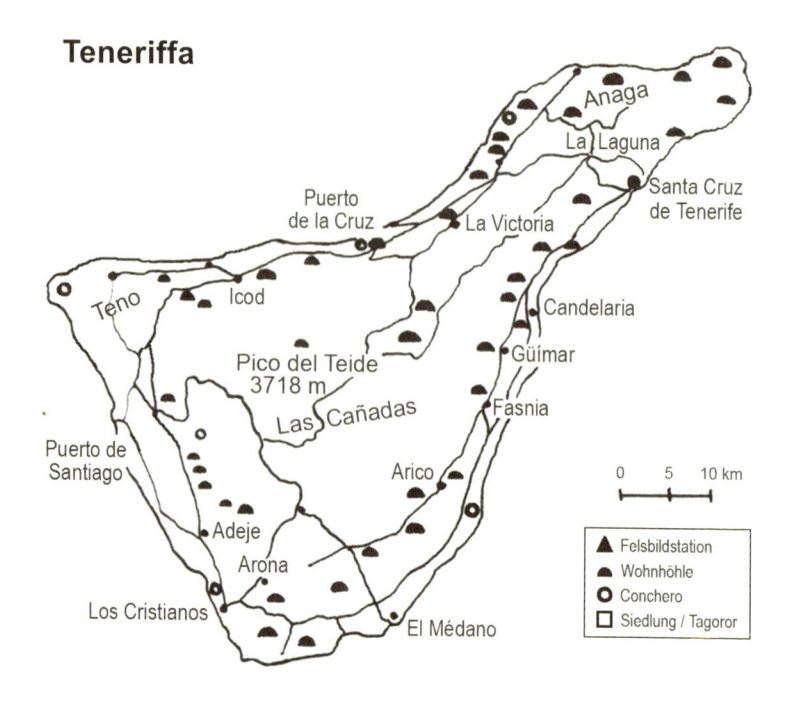

Teneriffa

Teneriffa in Stichworten:
Alter Name: Achinet, Einwohner: Guanchen (nur hier trifft die Bezeichnung wirklich zu!). Geschätzte Einwohnerzahl damals: ca. 30.000. Größe: 2057 qkm. Hauptstadt: Santa Cruz de Tenerife. Höchste Erhebung: Pico del Teide (3718 m). Größte der westlichen Inseln. Besondere Kennzeichen: Trotz der Größe und beachtlichen Einwohnerzahl bietet Teneriffa relativ wenig archäologische Funde, die über den Standard der anderen Inseln ragen. Einfache, wenig verzierte Keramik in archaischer Form, einige Felsbilder in Schiffs- und Menschengestalt, Megalithbauten sind nicht bekannt. Dagegen aber zahlreiche Siedlungsreste: Wohnhöhlen, Hausruinen, Tagorors, Concheros. Unbedingt besuchen sollte man das Museum in Santa Cruz!

Ortsbeschreibungen

Pyramidenpark Güímar   155
La Orotava   156
Santa Cruz de Tenerife   157
Guargacho   157
Las Cañadas   158
Wohn- und Begräbnishöhlen   159
Cueva del Barranco de Herque   159
Fasnia   159
Punta de Abona   159
Barranco de Abona   159
Valle de Ucanca   160
Icod de los Vinos   160
La Laguna   160
Tagorores, Steinkreise   160
Concheros, Muschelhaufen   160
Heilige Felsen   161
Historische Stätten   161

Pyramidenpark Güímar

1998 wurde der Parque Etnográfico Pirámides de Güímar durch Thor Heyerdahl offiziell eingeweiht. Man kann hier sechs Stufenpyramiden besichtigen (siehe Kapitel Pyramiden), ferner ein sehr interessantes Museum, in dem Vergleiche zwischen den Kanaren und Südamerika gezogen werden. Der Park trägt ganz die Handschrift des 2002 verstorbenen norwegischen Forschers und Abenteurers. Unter einem Zeltdach stehen Nachbauten der Kon-Tiki und anderer Schilfboote, mit denen Heyerdahl spektakuläre Seereisen unternahm. Ergänzt wird das Ensemble durch ein modernes Auditorium, in dem in sechs Sprachen Filme gezeigt werden, ein kleines Felsbildmuseum und ein gut ausgestattetes Infozentrum. Hier ist auch Sitz der Forschungsgesellschaft FERCO.

Thor Heyerdahl war bis zu seinem Tod 2002 Leiter des Pyramidenparks

La Orotava

Ein Besuch – besonders mit Kindern – lohnt sich in den interessanten Erlebnispark «Pueblo Chico». Hier ist die ganze Welt der Kanaren im Miniaturformat dargestellt. Man betritt im Eingangsbereich eine Höhle und wird sofort in die Zeit der Guanchen versetzt. Danach folgen Gärten, kanarische Dörfer und sogar ein funktionierender Flughafen. Der Ausflug lässt sich durch einen Besuch des Mirador Humboldt abrunden, von hier gute Sicht auf die oberhalb davon gelegene Bencomo-Königshöhle.

Santa Cruz de Tenerife

Inselhauptstadt mit internationalem Hafen und geschäftigem Getriebe. Museo Arqueológico / Museo de la Naturaleza y el Hombre: Calle Fuente Morales (mitten im Zentrum). Das Museum birgt – neben dem Museo Canario in Las Palmas de Gran Canaria – die bedeutendste Sammlung anthropologischer und archäologischer Funde des Kanarischen Archipels. Es sind Mumien und eine Schädelsammlung zu sehen, Keramik, Werkzeug und Schmuck sowie einige Original-Petroglyphensteine. Der Aufbau des Museums ist – nach dem Umbau – didaktisch gut und bietet dem Interessenten viel Wissenswertes. Es können verschiedensprachige Bücher und informative Diaserien erworben werden. Öffnungszeiten: Di.-So. 9-19 Uhr.
Ferner wäre noch das Militärmuseum Museo Militar im Castillo de Paso Alto, Avenida de Anaga zu nennen mit einer Kollektion an Kriegstrophäen, u. a. die legendäre Kanone »El Tigre«, durch die Admiral Nelson 1797 bei der vergeblichen Belagerung Teneriffas seinen rechten Arm verlor.

Guargacho

Zeremonialplatz der Guanchen mit Tagoror, Hausresten und Felsbildern am Monte Cabuquero (am westlichen Ende von San Miguel, nahe dem Stadtteil Aldea Blanca, der an den Bezirk Arona angrenzt). Von hier eindrucksvoller Blick auf den Teide.

Las Cañadas

Beeindruckende Hochebene im Vulkankrater am Fuße des Pico del Teide (3718 m). Km-Stein 32 der Cañadas-Straße von La Orotava nach Los Roques, den hoch aufragenden Kaminschlotresten im Calderakessel: Besucherzentrum (Centro de Visitantes El Portillo de las Cañadas) mit Ausstellung, Bibliothek und Multivisionsdokumentation über die kanarischen Nationalparks (Geologie, Botanik, Zoologie, Ökologie und Archäologie). Las Cañadas kommt eine besondere Bedeutung zu, da hier viele Wohn- und Begräbnishöhlen sowie antike Hirtenunterkünfte gefunden wurden.

Las Cañadas del Teide

Wohn- und Begräbnishöhlen

Äußerst zahlreich auf Teneriffa (die Insel war zur Zeit der spanischen Eroberung sehr dicht besiedelt), entlang der Küste und in der Kraterkessellandschaft Las Cañadas (s. d.). Zumeist Rund- bzw. Halbrundbauten (Hufeisenform), z. T. wurden Siedlungsspuren noch über 2000 m Höhe gefunden! Da die Fundstellen sehr ähnlich sind, sollen nachfolgend nur einige exemplarische Beispiele mit typischen Kennzeichen herausgestellt werden:

Cueva del Barranco de Herque

Unterhalb der alten Küstenstraße bei El Escobonal nahe Güímar und dem Mirador de Don Martín. Hier wurden 1770 zahlreiche Guanchen-Mumien gefunden.

Fasnia

Gut erhaltene Höhlenwohnungen (Km-Stein 54,2 der Straße Fasnia–Arico).

Punta de Abona

Höhlenwohnungen nahe Porís de Abona.

Barranco de Abona

Km-Stein 78,5 der Straße Arico–Granadilla de Abona. Guanchenhöhlen im tief einschneidenden Barranco.

Valle de Ucanca

Interessante Siedlungsreste im gleichnamigen Talabschnitt der Las Cañadas (s. d.).

Icod de los Vinos

Bekannter Weinort mit sehenswertem, uralten Drachenbaum (16 m hoch, Stammumfang ca. 6 m, das Alter wird stark übertrieben mit 1000 Jahren angegeben, wissenschaftlich aber auf ca. 450 Jahre geschätzt). Der Baum befindet sich direkt vor der Pfarrkirche San Marcos (16. Jhd.).

La Laguna

Zweitgrößte Stadt der Insel, nahe Santa Cruz de Tenerife, Universität mit Archäologischer Fakultät. Der gesamte Ort wurde zum Weltkulturerbe erklärt.

Tagorores

Relativ gut erhaltene Steinkreise befinden sich am Fuße des Teno-Gebirges, bei Arona, Roque de Jama, La Victoria (im Barranco Naranjos), Tegueste (im Barranco Agua de Dios) und Taganana.

Concheros

Bei Teno Bajo, La Calera, Los Cristianos, Punta de la Rasca, El Médano, Punta de Abona, Güímar (Punta del Socorro), Punta Barranquera, La Orotava (Zamora) und Punta de Buenavista.

Heilige Felsen

Männlich-weibliches Prinzip eines Doppelheiligtums wie auf El Hierro (Los Santillos, s.d.), Tirmak und Binikaya genannt, am Fuße des Teide. Bei Masca (Westküste) Kultplatz mit steinernem Opferaltar auf Bergspitze.

Historische Stätten

Es gibt zahlreiche Orte, die Schauplätze von Schlachten zwischen den Ureinwohnern und den spanischen Eroberern waren. Allerdings haben sich nur die Namen erhalten, zu sehen gibt es dort nichts mehr.
Weitere archäologische Fundstellen: Los Guanches an der Nordküste bei Icod, La Enladrillada (Tegueste), Cueva de Don Gaspar (Icod), Cueva de los Cabezazos (Tegueste) und Aripe (Guia de Isora).

Auch auf Teneriffa ist man inzwischen stolz auf die Vergangenheit: Guanchenfürst in Candelaria

Gran Canaria

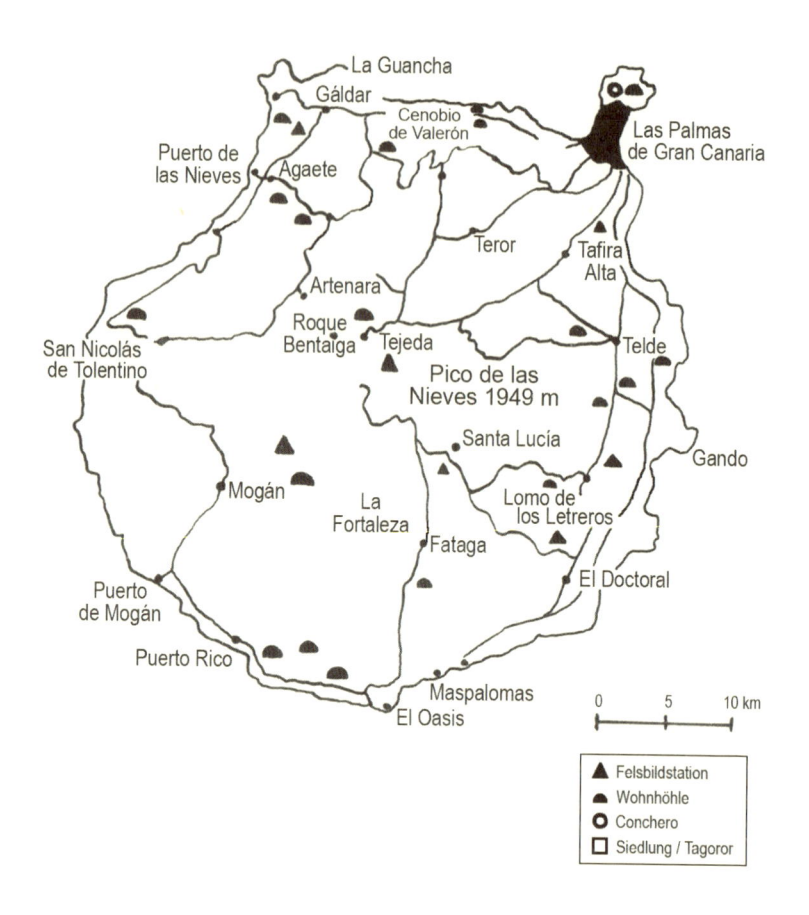

- La Guancha
- Gáldar
- Cenobio de Valerón
- Las Palmas de Gran Canaria
- Puerto de las Nieves
- Agaete
- Teror
- Tafira Alta
- Artenara
- Roque Bentaiga
- Tejeda
- San Nicolás de Tolentino
- Telde
- Pico de las Nieves 1949 m
- Santa Lucía
- Gando
- Mogán
- La Fortaleza
- Lomo de los Letreros
- Fataga
- El Doctoral
- Puerto de Mogán
- Puerto Rico
- Maspalomas
- El Oasis

0 5 10 km

- ▲ Felsbildstation
- ● Wohnhöhle
- ○ Conchero
- □ Siedlung / Tagoror

164

Gran Canaria in Stichworten:

Alter Name: Tamarán. Geschätzte Einwohnerzahl damals: 30.000. Größe: 1532 qkm. Hauptstadt: Las Palmas de Gran Canaria. Höchste Erhebung: Pico/Pozo de las Nieves (1949 m). Nach Fuerteventura die zweitgrößte der Ostinseln. Besondere Kennzeichen: große Teile der Insel sind durch den hemmungslosen Ausbau des Massentourismus verunstaltet. Man hat wenigstens die wichtigsten archäologischen Fundstellen durch Umzäunung gesichert und schützt sie so vor weiterer Verschandelung. Gran Canaria ist die einzige Kanareninsel, auf der anstatt von Naturhöhlen solche mit künstlichem Innenausbau vorkommen. Gran Canaria ist für den archäologisch interessierten Besucher ein wahres Eldorado. Tipp: Vor der Reise »Brief Guide to the archeological heritage of Gran Canaria« lesen. Das Buch gibt es leider nur auf Englisch und Spanisch.

Ortsbeschreibungen

Mundo Aborigen   166
Arteara   167
Cueva pintada   167
Cenobio de Valerón   167
La Guancha / El Agujero   168
Mogán   169
Barranco de Silva   169
Roque Bentaiga   170
Cuatro Puertas   170
Lomo de los Letreros   174
Las Palmas de Gran Canaria   175
Barranco de Tirajana   176
Montaña de Tauro   176
Fortaleza Grande / Ansite   177

Santa Lucía 177
Punta la Salina 178
Cueva de las Cruces 178
La Aldea 178
Tara 178
Playa de Tufia 179
Guayadeque 179
Gáldar 180
Barranco de Arguineguín 180
Punta de las Mujeres 180
Agaete 181
Caldera Pinos de Gáldar 181
Teror 181
Artenara 181
Vega de San Mateo 181
Cendro 181
Tirma 182
Temisas 182
Caldera de Tejeda 182
Castilletes de Tabaibales 182
La Atalaya 183
Caldera de Bandama 183

Mundo Aborigen

Wer an der Südküste zwischen Playa del Inglés, Maspalomas und Puerto Rico seinen Urlaub verbringt, sollte gleich zu Beginn mit der ganzen Familie (der Eintritt ist für Kinder frei) einen Ausflug zum Erlebnispark Mundo Aborigen (Parque Natural de Ayagaures) unternehmen. Von der Südautobahn über die Straße nördlich in Richtung Fataga fahrend (oder mit dem Bus Linie 18) erleben Sie hier den ersten eindrucksvollen Einstieg in die geheimnisvolle Welt der Guanchen. Sie laufen durch ein Dorf zum heiligen Begräbnisfeld, erleben Geburt und Tod mit, eine Ratsversammlung, Mumifizierung. Der Park ist täglich von 9 bis 18 Uhr geöffnet. Herrliche Natur und grandiose Fotomotive!

Arteara

Sehenswerte und didaktisch gut aufgearbeitete Nekropole mit Hunderten von Guanchengräbern. Wanderweg mit schöner Aussicht auf den Palmenwald von Fataga. Der Ort bietet sich als Ergänzung zum Ausflug ins Mundo Aborigen an.

Cueva pintada

Die berühmte und oft beschriebene Kulthöhle befindet sich am Stadtrand von Gáldar. Sie kann nun (2006) nach aufwendigen Renovierungsarbeiten wieder besichtigt werden. Der Kultraum innerhalb des weiträumigen Höhlensystems ist relativ klein (5 x 4,5 m). Auffallend sind Löcher im Fußboden, die geeignet sein können, Vasen und Schalen aufzunehmen. An drei Seiten sowie an der Decke ist die Höhle in Weiß, Rot und Schwarz bemalt. Die Motive sind abstrakt: Dreiecke, Spiralen und augenförmige Darstellungen, die eine große Ähnlichkeit a) zu den Pintaderas, b) zu ähnlichen Höhleninnenraumbemalungen in Irland aufweisen.

Cenobio de Valerón

Im Norden der Insel. Zufahrt: Straße von Gáldar nach Las Palmas, kurz hinter Santa Maria de Guia verlassen, rechts Abzweigung nach Cuesta Silva (alte Küstenstraße). Bei km 20,5 schmaler Parkstreifen. Rechts führt eine Treppe zum Eingangstor und weiter zu einer schmalen Aussichtsplattform direkt vor dem Höhlensystem (Betreten wegen akuter Einsturzgefahr verboten). Unter einem natürlichen Basaltbogen befindet sich eine weitverzweigte Ansammlung von kleinen, in den Tuffstein gehauenen Kammern. Man kann deutlich Treppen, Löcher für die Balkenköpfe der Stiegen und die Falze der einstigen Türrahmen erkennen. Man geht davon aus, dass hier die Harimaguadas (geweihte Jungfrauen) zurückgezogen gelebt haben und wahrscheinlich auch das gespeicherte Korn bewachten. Ähnliche Anlagen/Kornspeicher befinden sich in der Schlucht (Naturpark) Guayadeque (s. d.). Die Umgebung ist sehr anmutig und bietet herrliche Sicht über Meer, Küstenstreifen und Schluchten. Die Mutmaßung, dass es sich beim Cenobio de Valerón um einen heiligen Ort handelt, wird bestärkt, wenn man weiter rechts von der Straße aus den Berg erklimmt (nicht sehr steil). Oben, direkt über dem Höhlensystem, befindet sich eine Plattform, die als Versammlungsplatz gedient haben mag. Direkt neben dem hölzernen Gipfelkreuz eine Art Altarstein mit deutlicher Mulde für Trankopfer. Wenige Meter unterhalb davon, an der dem Wind abgewandten Seite, sind nebeneinander sechs Sitze aus dem Basalt herausgearbeitet. Ein siebter Sitz befindet sich erhöht über der Sitzreihe.

La Guancha / El Agujero

Vorzeitliche Wohnanlage und Nekropole mit Großtumulus bei Gáldar direkt am Meer. Das Gebiet ist weiträumig durch einen hohen Eisenzaun gesichert. Die zyklopische Kreiskonstruktion des Großtumulus La Guancha ähnelt von oben gesehen einem Wagenrad mit zwei Naben (siehe Abb. Seite 69). Hier wurden 1935 über 30 Skelette ausgegraben, die sich in mit Steinplatten abgedeckten Steinkammern befanden. Die C-14-Methode ergab mit 1082 n. Chr. eine relativ junge Datierung, was aber wegen der üblichen Mehrfachnutzung über größere Zeiträume hinweg wenig besagt. Der

Tumulus kann erheblich länger in Benutzung gewesen sein. Das Zentrum (die beiden Naben) war für sozial höherstehende Persönlichkeiten vorbehalten. Wer die gesamte Anlage (als Reproduktion) näher ansehen möchte, sollte besser ins Mundo Aborigen fahren (s. d.). In der Nähe weitere eingezäunte Hausruinen mit z. T. kruziformem Grundriss sowie Wohnhöhlen im Berg von Gáldar.

Blick aus einer Guanchenwohnhöhle

Mogán

Siedlungsreste auf dem Lomo de los Gatos, im Barranco Mulatos, sowie bei Los Pinos (Pie de la Cuesta). Ferner in der Nähe: Castilletes de Tabaibales (s. d.).

Barranco de Silva
Wohnhöhlen nahe Telde.

Roque Bentaiga

Zentral im Inselinneren gelegenes Bergheiligtum (1404 m) an der landschaftlich sehr reizvollen Straße San Bartolomé de Tirajana–Cruz de Tejeda. Ausgeschilderte Piste links vor Tejeda. Stop am Parkplatz. Aufstieg bis zur Sakralzone auf dem Plateau vor dem Gipfel über relativ leicht begehbaren Weg. Der Gipfel selbst ähnelt dem Idafe auf La Palma: ein weithin sichtbarer, menhirartiger Bergspitz. In der Sakralzone befindet sich ein in den Boden gekerbter Trankopferaltar (ähnlich Cuatro puertas, s. d.). Mehrere kreisförmige und rechtwinklige Rillen. Dahinter sehr kleine, in den Tuffstein gegrabene Räume mit geglätteten Wänden. An der Südflanke unterhalb der Zyklopenmauerreste abwärtsführender Weg mit zahlreichen Felsüberhängen (Abris) und Kleinhöhlen. Weitere große Höhlen an der Nordseite (Keramikscherbenfunde).

Cuatro Puertas

Heiligtum der Altkanarier mit geräumiger Höhle, Tagoror, Kultplatz und Wohnanlage. Zu erreichen, indem man von Telde aus südlich Richtung Ingenio fährt. Wo links die Straße über Goro und Ojos de Garza zum Flughafen Gando abzweigt, ca. 200 m weiter geradeaus, bis links eine kleine Ortschaft und Hinweisschild folgt. Der Weg führt an den Häusern vorbei bergauf und endet an einem eingezäunten Gebiet. Links in der Mauer befindet sich eine Nachformung von Steinritzungen mit astrologisch-geographischer Bedeutung. Rechts führt eine Steintreppe zu Cuatro Puertas auf der Bergspitze. Die große, geräumige Höhle besitzt vier eckig aus dem Lavatuffstein gehauene Türen (daher der Name). Davor ebener Versammlungsraum mit deutlichen Bearbeitungsspuren (Mulden und Pfostenlöcher im Boden).

Roque Bentaiga

Höhlensiedlung bei Cuatro Puertas

Opferplatz am Roque Bentaiga

Opferplatz Cuatro Puertas

Steigt man links an Cuatro Puertas vorbei auf den Berg, so erreicht man nach wenigen Metern den sehr beeindruckenden Kultplatz (Almogarén) mit Opferaltar und bisher ungedeuteten Zeichen im Felsgeländer. Eine tief eingekerbte Rille in Rundform sowie weitere Mulden im Boden weisen auf Trankopferrituale hin. Der Platz liegt windgeschützt. Von hier aus wunderbarer Blick nach Südosten über die Insel, bei klarem Wetter ist von hier aus sogar Fuerteventura zu sehen. Es fällt auf, dass der Kultplatz von Cuatro Puertas mit den anderen bedeutenden Heiligtümern von Gáldar und Teror in gerader Luftlinie liegt (Visierstationen?).

Steigt man weiter am Südteil des Berges ab, so befindet man sich nach kurzer Zeit in einem alten Siedlungsgebiet der Ureinwohner: Deutlich in den Stein gehauene Wege führen zu zahlreichen Wohnhöhlen und Vorratsräumen. Die Höhlen sind im Innern z. T. hervorragend ausgebaut (Schlafnischen, Fenster, Seitenkammern, an manchen Stellen Löcher für hölzerne Dachkonstruktionen). Noch immer ist umstritten, ob es sich um ein geschützt gelegenes Rückzugsgebiet oder um Unterkünfte von Priesterinnen (Harimaguadas) ähnlich dem Cenobio de Valerón handelt. Die ganze Anlage liegt dem Passat abgewandt in wärmender Südsonne, zugleich bieten die vielen Höhlenunterkünfte aber ausreichend Schatten.

Lomo de los Letreros

Ca. 300 m langer Basaltfelsenrücken im Barranco Balo mit gepunzten Menschendarstellungen, einem Schiff und unbekannten Schriftzeichen. Die durch ein hohes Eisengitter gesicherte Felsbildstation ist zu Fuß zu erreichen, wenn man von der Straße Agüimes–Santa Lucía kommt. Nach 1 km links die schmalere Straße nach Cruz de Sardina nehmen, nach 8 km halten und links in den Barranco absteigen. Alternative: mit dem Auto über die alte Nord-Süd-Hauptstraße fahren. Bei Cruz de Arinaga scharf links die unbeschilderte Straße nach Corrallilos nehmen. An der weithin sichtbaren Parabolantenne der nationalen Telefon- und Telegrafengesellschaft vorbei, kurz danach führt in einer Kurve links ein Schotterweg an einem einzelnen Gehöft vorbei in den Barranco. Die Geröllpiste geht direkt durch den Barranco und endet am Felsen.

Leider haben zahllose Touristen das Gestein mit Kritzeleien verschandelt. Dennoch lassen sich mit etwas Glück noch schöne Petroglyphen der Ureinwohner finden. Wie der Name (Balo) verrät, hat man die Strichgravuren früher für tanzende Menschen gehalten. Es handelt sich aber um Adoranten, die hier eine besonders große Ähnlichkeit zu europäischen Fundstellen aufweisen (z. B. Valcamonica, Norditalien). Interessant sind auch die zoomorphen Figurationen auf einer Platte am Ostrand. Am Westrand, wo sich eine sehr eindrucksvolle Schiffsdarstellung befindet (s. Abb. Seite 42), sind weiter oberhalb auch mehrere Reihen von altnumidisch anmutenden Schriftzeilen zu erkennen. Geht man im Bachbett ostwärts an der nicht mehr eingezäunten Felswand entlang, so stößt man auf weitere Gravuren, u. a. einfache Ideogramme (Kreise und Ovale), sowie eine senkrecht angebrachte Schlange mit dreieckigem Kopf.

Las Palmas de Gran Canaria

Museo Canario: Calle Dr. Chil-Ecke Calle Dr. Verneau. Sehr sehenswerte Präsentation von archäologischen Funden der Inseln. Hervorzuheben sind die Nachbildung der Cueva pintada (s. d.) sowie die großen Sammlungen an Idolen, Pintaderas aus Ton und Holz, Mumien und Guanchenschädeln. Auffallend ist die Kleinkeramik, die an Kinderspielzeug erinnert, möglicherweise aber auch als Grabbeigaben dienten. Es gibt eine gute, didaktische Darstellung der typologischen Unterschiede bei Keramiken der einzelnen Inseln.

Castillo de la Luz: An der Verlängerung der Muelle Pesquero (Puerto de la Luz) gelegene Festung, die im 16. Jhd. große Piratenangriffe gegen Gran Canaria (John Hawkins, Francis Drake, Pieter von der Does u. a.) erfolgreich abwehrte.

La Isleta: Hafenviertel auf der kleinen nördlichen Landzunge oberhalb von Las Palmas. Hier wurden noch im vorigen Jahrhundert Hunderte von kleineren Grabtumuli registriert, die heute der ausufernden Bautätigkeit zum Opfer gefallen sind. Ebenso erging es dem einzigen bekannten Conchero der Insel.

Casa de Colón (Kolumbushaus): Ehemalige Residenz der Gouverneure von Gran Canaria und angeblicher Aufenthaltsort von Christoph Kolumbus auf seinen Reisen in die Neue Welt. Eines der ältesten und schönsten Häuser der Stadt (gegenüber der Kathedrale Santa Ana). Das Gebäude beherbergt neben dem Museum der Schönen Künste auch Sammlungen und Dokumente aus der kolumbischen Zeit. Ganz in der Nähe ist die Kapelle Ermita de San Antonio Abad aus dem 15. Jhd., in der Kolumbus vor seinem Aufbruch nach Amerika betete.

Barranco de Tirajana

Im Südosten der Insel großer Dolmen und künstliche Wohnhöhlen (bei Rosiana). Zufahrt über El Doctoral, Sardina, dann zu Fuß weiter.

Montaña de Tauro

Siedlungsreste im Gebiet des Tauro Alto in sehr abgelegener Gegend, nur zu Fuß zu erreichen. Von der Pista Casas El Caldera-Soria aus kann man eine größere Anlage auf einer tiefer gelegenen Hochebene sehen. Achtung: Jeeppiste, für normale Pkw unpassierbar. Aber als Ausgangspunkt einer mittelschweren Wanderung mit intensiven Naturerlebnissen ideal!

Fortaleza Grande / Ansite

Kurz nach Santa Lucía eine beschilderte Straße rechts ab, die vor dem imposanten Felsmassiv endet. Am Parkplatz neuzeitlicher Wallfahrtspunkt zum Gedenken der Ureinwohner mit Kanzel und Steinsitzreihen im Halbkreis. Der Weg rechts führt durch eine geräumige Höhle mit weiteren Sitzreihen und im Kreis zurück zum Parkplatz. Um die Bergfestung, die einst ein Sanktuarium der Altkanarier war, zu erreichen, muss man von dort aus etwas mühsam aufsteigen. Die Felsen oben sind mit Zyklopenmauern zur Festung ausgebaut. Obgleich einiges durch die Spanier zerstört wurde, sind auf dem Kamm noch Wohnanlagen mit Silos und Zisternen zur Vorratshaltung von Wasser zu erkennen. Ein noch auf Bildern des 19. Jhd. dargestellter Brandopferaltar ist heute nicht mehr auffindbar.
Hier fand am 29. April 1483 die letzte Schlacht der Spanier gegen die Ureinwohner statt. Wie in so vielen Fällen der kanarischen Historie wurden die Ureinwohner aber nicht mit Waffengewalt, sondern durch List und Verrat besiegt.
Beim Ausflug zur Fortaleza sollte man unbedingt einen Besuch des interessanten Guanchenmuseums Hao in Santa Lucía (s. d.) mit einplanen!

Santa Lucía

Sehr interessantes Museum (Privatsammlung) im Restaurant Hao mit sachkundiger Führung (auch in deutsch). In einem Raum auch

Darstellungen von Felsbildzeichen, die meist aus der Umgebung von Mogán stammen. Neben Werkzeug, Keramik und einer umfangreichen Knochensammlung werden weibliche Kleinidole gezeigt, die auf der naheliegenden Bergfestung Ansite (Fortaleza, s. d.) gefunden wurden. Ferner: römische Amphoren aus dem 3. Jhd. n. Chr., die von der kleinen Insel Graciosa stammen.

Punta la Salina

Wohnhöhlen der Ureinwohner dicht an der Schnellstraße nach Las Palmas zwischen Banaderos und Casa Ayala.

Cueva de las Cruces

Schönes Wohnhöhlensystem rechts der Straße von Agaete nach Gáldar. Der Name stammt von mehreren großen, in den Tuffstein gegrabenen Christianisierungskreuzen. Weiter nach Agaete rechts der Straße weitere Wohnhöhlen in z. T. stark bebautem Gebiet.

La Aldea

Barranco im Osten der Insel mit bedeutenden Funden an Hausruinen (Caseroles), Idolen und Kleinkeramik. Verneau fand hier Reste von mehr als 800 Häusern nahe San Nicolás de Tolentino, Mauern und eine Nekropole. Heute ist das Gebiet stark vom Straßenbau gefährdet.

Tara

Hypogäum in einem kleinen Vorort von Telde (ehemals bedeutendes Siedlungsgebiet). Die etwa 20 m großen Räume sind formschön ausgebaut und erinnern etwas an das Hypogäum auf

Malta (La Valetta). Hier wurde die berühmte »Urmutter von Tara« gefunden; der erste Fund einer ganzen Reihe von Urmutteridolen auf Gran Canaria. Die Tonfigur (siehe Titelfoto Buchumschlag) war ursprünglich wohl bemalt. Eine Rekonstruktion zeigt ein eckiges Wellenband auf den Schultern sowie die Darstellung von fünf Punkten im Viereck. In Tara und Umgebung wurden noch weitere kleine Idole gefunden, die im Volksmund »Seelenvögel« genannt werden. Der Eingang zum Hypogäum ist mit einem riesigen Kreuz christianisiert. Direkt über der Stelle befindet sich eine Wallfahrtskapelle. Weitere Hinweise siehe Anmerkung 1.

Playa de Tufia

Landzunge ca. 3 km oberhalb des Flughafens Gando. Dort groß angelegte Wohnanlage mit merkwürdigen Grundrissformen in einem durch Zäune gesicherten Gebiet. Besichtigung leider nur auf Distanz möglich oder mit Sondergenehmigung.

Guayadeque

Wunderschöne Schlucht (Naturpark) im Südosten der Insel, von Agüimes aus leicht zu erreichen, in der noch Menschen in nahezu urzeitlichen Verhältnissen leben (Höhlensiedlung Cueva Bermeja) mit Kornspeichern, ähnlich Cenobio de Valerón (s. d.). Hier wurden wertvolle archäologische Funde gemacht. Die meisten Mumien und Schädel des Museo Canario stammen von dort, ferner Holzfunde, Keramik und Handmühlen aus porösem Vulkanstein. Höhlen gibt es auch in der Felswand von Risco del Negro sowie eine Siedlung im Oberlauf am Fuße der Montaña de las Tierras. Das Informationszentrum bietet ein eindrucksvolles, multimedial ausgestattetes Museum, gute Repliken und ein umfassendes Angebot an kanarischen Spezialitäten und Kunsthandwerk. Es ist Di.-Sa. von 9 bis 17 Uhr, Sonntag 10-18 h geöffnet.

Gáldar

Ort nahe Telde mit einst großer Bedeutung (viele Idolfunde, zumeist weibliche Formen mit Betonung der Primär- und Sekundärmerkmale, eine sehr große davon sogar aus Holz geschnitzt). Die archäologische Sammlung im Rathaus (Ayuntamiento) ist sehenswert. Es lohnt sich auch, den schönsten, etwa 270 Jahre alten Drachenbaum der Insel zu besichtigen (im Innenhof).

Barranco de Arguineguín

Bedeutendes altes Siedlungsgebiet mit Residenz des ersten Königs von Gran Canaria (El Pajar) im Oberlauf des Barranco. Eine portugiesische Expedition im Jahre 1341 berichtet noch von 300-400 festen Häusern. Haus- und Tumulireste auch im Unterlauf des Barranco, allerdings schwer zu erkennen. Bei El Pajar kamen Bestattungen häufig in Teakholzkisten vor (den Stamm ausgehöhlt und mit Deckel verschlossen), ebenso im Barranquillo de la Jarra und im Oberlauf bei Soria (La Felisa).

Punta de las Mujeres

Direkt an der Strandpromenade von Maspalomas befindet sich eine archäologische Ausgrabung, die man unbedingt besichtigen sollte. Es handelt sich um Reste einer Wohnanlage der Guanchen. Der dazugehörige Friedhof mit zahlreichen Skelettfunden lag direkt unter der Autobahnerweiterung nach Süden. Maspalomas war offensichtlich bereits in vorspanischer Zeit dicht besiedelt.

Agaete

Kleinstadt an der Nordwestküste mit einem Museum für volkstümliches Haus- und Arbeitsgerät (Casa de Chano Sosa). Hausreste auf dem Lomo de los Canarios. Künstliches Höhlensystem mit Mauerresten bei Las Penas.

Caldera Pinos de Gáldar

Eindrucksvoller Kraterkessel. In der Nähe noch heute bewohnte Höhlensiedlung.

Teror

Hübsches altes Städtchen im Norden der Insel, viele alte Adelspaläste. Heimatmuseum für altkanarische Möbel, Gemälde, Waffen, Kutschen usw. (Casa Manrique de Lara) direkt an der Plaza »Doña María Teresa Bolivar« (Frau des berühmten südamerikanischen Volkshelden Simón Bolivar).

Cendro

Einst bedeutendes Siedlungsgebiet in der Nähe von Telde (bei Tara, Los Caserones).

Artenara

Höchstgelegener Ort der Insel in reizvoller Umgebung (Panoramablick auf Roque Bentaiga, Roque Nublo, Barranco de Tejeda usw.). In der Nähe mehrere Höhlensiedlungen (Acusa Seca: diese künstlichen Höhlen sind sogar farbig, zumeist rot bemalt).

Vega de San Mateo

Ort in ungefährer geographischer Inselmitte, von Santa Brígida aus zu erreichen. Bäuerliches Heimatmuseum (Casa-Museo de Cho-Zacavias) mit Möbeln, Töpferwaren, Arbeitsgeräten usw.

Tirma

Streusiedlung im Nordwesten der Insel rechts der Straße San Nicolás de Tolentino–Agaete mit vielen Idolfunden, Hausruinen, Kultplatz. Das Gebiet ist nur mit einer Sondergenehmigung der Stadtverwaltung (Ayuntamiento) San Nicolás zu befahren.

Temisas

Ort an der Straße Santa Lucía–Agüimes mit Wohnhöhlen (La Audiencia), die auf eine einst große Bevölkerungsdichte hinweisen.

Caldera de Tejeda

Altes Siedlungsgebiet mit Resten von Häusern in der Nähe des Roque Bentaiga (s. d.). Hier ein bedeutendes Sanktuarium: El Risco Chapin.

Castilletes de Tabaibales

Reste einer Bergfestung bzw. eines Kultplatzes der Ureinwohner in 350 m Höhe direkt über dem Ort Playa de Mogán (Westküste) nahe dem Berg Tabaibales (602 m). Der Platz wird auf Karten als »Punta del Castillete« bezeichnet und befindet sich an der rechten Seite des Barranco de Perchel. Zugang nur über einen steilen Fußweg möglich, da die bergan führende Piste kurz hinter Playa de Mogán gesperrt ist. Es lohnt sich eine Wanderung über die Lomos (sanfte Bergrücken) in der Umgebung. Im Gelände befinden sich zahlreiche kleine Guanchenhöhlen.

La Atalaya

Malerisches Höhlendorf nahe Santa Brígida. Hier wird noch wie zu Urzeiten Keramik ohne Drehscheibe gefertigt.

Caldera de Bandama

Reizvoller Ausflug zum Vulkankegel Pico de Bandama (574 m) und der uralten Guanchensiedlung: Cuevas de los Canarios. Von der Straße Las Palmas–Santa Brígida aus kurz hinter Tafira Alta bequem zu erreichen. Vom Mirador aus herrlicher Rundblick über den Nordosten der Insel und in die malerische Caldera de Bandama. Einige Kurven unterhalb des Miradors, wo die Piste nach Atalaya abzweigt, führt zwischen Häusern ein Fußweg hinab. Nach etwa drei Minuten geht in der ersten Rechtskurve eine schmale Trittspur über Lavaasche nach links. Sie führt etwas rutschig die Calderawand entlang zu einem wenig bekannten Höhlensystem, das von den Ureinwohnern geschickt zum Dorf ausgebaut wurde (Treppen, Kammern, Fenster usw.). In einer Höhle führt eine versteckte Treppe durch ein Loch ins Oberdorf. Hier sind deutlich Türangeln, Schlafnischen sowie einige Vorratsmulden im Boden, die mit steinernen Deckeln verschlossen waren, zu erkennen. Von hier führt die Trittspur weiter in die Caldera hinab. Da es nun aber sehr steil wird, zurück besser den Hauptpfad benutzen. In der Caldera betreibt eine kanarische Familie Landwirtschaft.

Fuerteventura

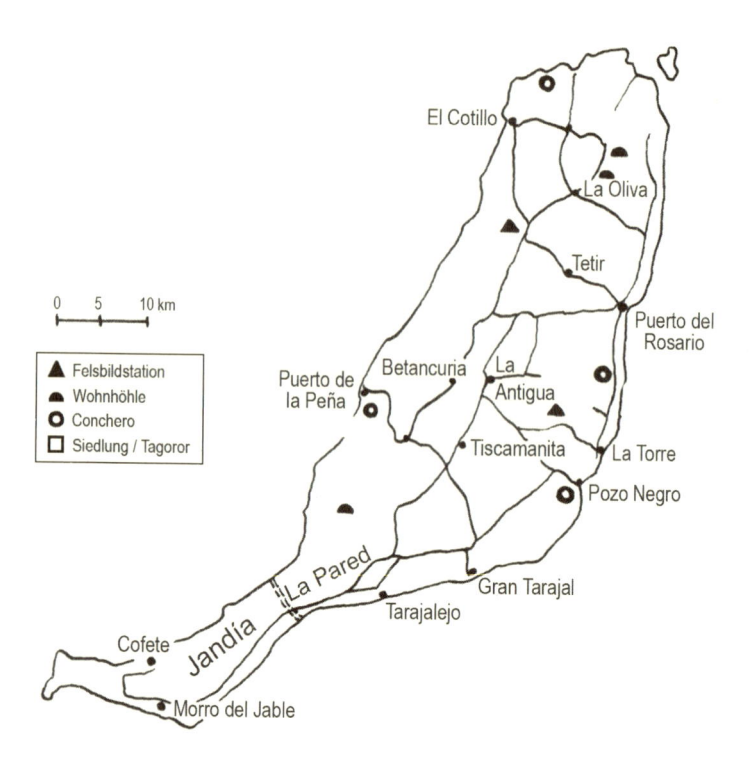

Fuerteventura in Stichworten:
Alter Name: Erbani, Name der Ureinwohner: Mahoreros.
Geschätzte Einwohnerzahl damals: 2500. Größe: 1731 qkm.
Hauptstadt: Puerto del Rosario. Höchste Erhebung: Pico de la
Zarza (812 m). Größte der drei Ostinseln. Besondere Kennzeichen: Trotz der Verwüstung der Insel durch Vulkanausbrüche
und afrikanischen Flugsand sind immer noch zahlreiche Siedlungsreste in den Geröllzonen zu entdecken.

Wie auf Lanzarote wurden auch hier zahlreiche Kleinplastiken punischer Herkunft entdeckt. Ein weiterer Hinweis darauf, dass die Mahoreros ursprünglich wohl von den Balearen auf die Kanaren gekommen sind. Die Hauptstadt von Menorca heißt Mahon, die Sprache der Insel Maho. Es handelt sich um die einzige Sprache der Welt, die heute noch zu rund 60 Prozent aus punisch-phönizischen Stammwörtern besteht.

Ortsbeschreibungen

Betancuria   185
La Pared   186
Efequenes   187
El Cotillo   187
Ruinas Guanches   187
Barranco de Lajas Azules   187
Barranco de Vigocho   187
Pozo Negro   188
Felsbildstationen   188
Barranco de las Torres   188
Weitere Siedlungsreste   189

Betancuria

Einstige, vom normannischen Eroberer Jean de Bethencourt errichtete Hauptstadt der Insel mit Bischofssitz (Santa Maria, normannisch-gotischer Stil, 1539 von Seeräubern verwüstet, im 17. Jhd. rekonstruiert) und Überresten eines Franziskanerklosters (Ruinas del Convento).

Das Museum bietet interessante Fundstücke der Urbevölkerung sowie alte Haus- und Wirtschaftsgeräte und andere Zeugnisse aus der Zeit Bethencourts. In der Nähe Siedlungsreste der Ureinwohner (La Atalaya).

Jean de Bethencourt, Eroberer von Fuerteventura

La Pared

Landenge bei Matas Biancas, einst Grenze zweier rivalisierender Königreiche (Maxorata und das kleinere Jandia), die durch eine Zyklopenmauer befestigt war. Sie soll sich ursprünglich von der Barlovento-Küste im Norden bis zum Sotavento-Strand im Süden erstreckt haben. Heute ist davon allerdings kaum mehr etwas zu erkennen. Ob die zwischen den Dünen herumliegenden Steinhaufen etwas mit der alten Mauer zu tun haben, ist fraglich.

Efequenes

Von den sogenannten Efequenes (offene Rundtempel mit Doppelmauern, in deren Zentren Götterfiguren standen), die die Chronisten noch staunend beschrieben, sind leider nirgends mehr Reste zu entdecken.

El Cotillo

Rundfestung »Castillo de Rico Roques« (nach dem normannischen Schiff »Riche-Roche« benannt), von Bethencourt bzw. Jean de Courtois während der zweiten Expedition nach Fuerteventura erbaut. Diese befestigte Station mit Landeplatz im Nordwesten der Insel ermöglichte erst die planmäßige Eroberung gegen die sich erbittert zur Wehr setzenden Ureinwohner. Die Festung wurde zerstört und im 17. Jhd. erneuert.

Ruinas Guanches

Reste von Häusern und anderen Steinsetzungen in der Geröllwüste südlich des Barranco de las Torres.

Barranco de Lajas Azules

Wohnruinen mit Steinkreis (Tagoror) in der Nähe von Puerta Cabras.

Barranco de Vigocho

Siedlungsreste ähnlich dem Barranco de Torres im Südwesten der Insel bei Fayagua (Straße Pájara–La Pared). Die küstenwärts dem Barrancolauf folgende Geröllpiste ist leicht zu übersehen und führt weiter in die militärische Sperrzone von La Mantanza. Das alte Dorf liegt links auf dem Hügel gegenüber der Montaña Entresalas (334 m).

Pozo Negro

Tumulus am gleichnamigen Barranco bei Casas de Pozo Negro (Ostküste/Punta del Viento).

Felsbildstationen

Die Felsbilder Fuerteventuras bestehen – ähnlich wie auf Lanzarote – aus einfachen, archaisch wirkenden Strichzeichnungen. Einzige Ausnahme: Montaña de Tidaya, wo Umrissformen von Füßen abgebildet sind. Die schwer aufzufindenden Felsbildstationen heißen: Morro de la Galera, La Fortaleza, Barranco de Cavadero, Montaña de Enmedio, El Viso, Barranco del Valle de la Cueva.

Barranco de Torres

Siedlungsreste der Ureinwohner an der Ostküste bei Casas de las Salinas. Von dort aus führt die Straße von der Küste weg landeinwärts Richtung Antigua. Wo die Straße sich in der ersten Rechtskurve dem Barranco nähert, führt links ein Geröllweg ins Flussbett. Ihm folgen und bei den ersten Häusern anhalten, dann jenseitiges Flussufer hinauf. Nach wenigen hundert Metern stößt man auf das alte Dorf, das auf einer Hochebene liegt: zahlreiche kleinere Steinsetzungen sowie Grundrisse von Kammern und Ställen. Daneben mehrere, relativ gut erhaltene Rundhäuser in wuchtiger Konstruktion, die an Türme erinnern (der Barranco erhielt seinen Namen davon). Die Natursteinmauern sind mit Lehm verfugt.

Eine ähnliche Architektur, allerdings durch neuzeitliche Elemente wie Türstürze, rechtwinklige Rampenanbauten usw. ergänzt, findet sich noch bei den Ruinen der frühen spanischen Windmühlen auf Fuerteventura. Hier wurde noch einmal die alte Formensprache aufgegriffen, bevor sich endgültig die rechteckige Hausform mit Giebeldach durchsetzte.

Weitere Siedlungsreste

Beim Lomo Lesques, im Barranco Amuley (Puerto del Rosario), Rosita del Vicario (Antigua), Barranco de Pozo Negro (Atalayita), Puerto Cabras (Nekropole von Colinas de la Guirra), La Montaña de Tindaya (La Oliva, im Mittelteil des Barranco de Tinojay), Barranco Jandia, Cueva de los Pascuales, Cueva de Esquinzo, Cueva de Huriame, Cueva de los Idolos, Cueva de Villaverde, Tuineje (in der Umgebung verstreut, z. B. bei Tiquital, Tonicosquey, Caldera de Arrabales und Mar Rubio, Reste von Rundhäusern), Barranco de las Cuevas, Barranco del Gran Valle, Lesque Alto (Nekropole). Weitere Siedlungsgebiete mit Gebäuderesten: La Hermosa, Llano del Sombrero, am Fuß der Berge Montaña Cardones, Montaña Martinez (Tetir), Lomo Gordo und La Atalaya (Betancuria).

Lanzarote

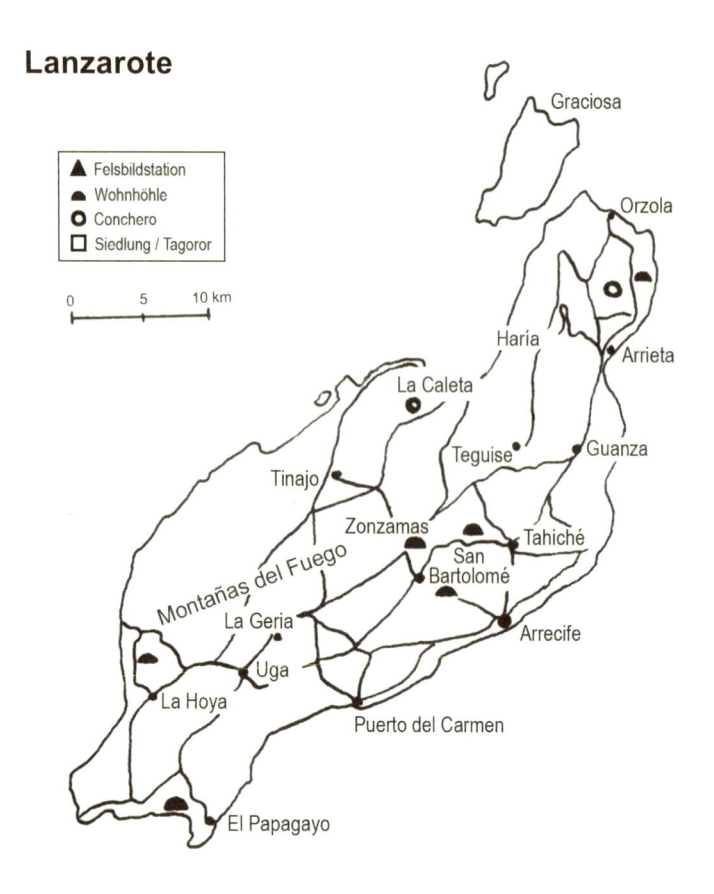

▲ Felsbildstation
▲ Wohnhöhle
O Conchero
□ Siedlung / Tagoror

0   5   10 km

Graciosa
Orzola
Haría
La Caleta
Arrieta
Teguise
Guanza
Tinajo
Zonzamas
Tahiché
San Bartolomé
Montañas del Fuego
La Geria
Arrecife
Uga
La Hoya
Puerto del Carmen
El Papagayo

Lanzarote in Stichworten:
Alter Name: Titeroygrata, Einwohner: Mahos. Geschätzte Einwohnerzahl damals: 1000. Größe: 836 qkm. Hauptstadt: Arrecife. Kleinste und nordöstlichste der Ostinseln. Besondere Kennzeichen: archäologisch – außer der Ruinenzone von Zonzamas und den merkwürdigen Queseras – nicht sehr viele Besichtigungsmöglichkeiten; weite Teile der Insel wurden zwischen 1730 und 1736 durch schwere Vulkanausbrüche mit

Ascheauswürfen vernichtet. Piraten, Sklavenjäger und die Unvernunft der Einwohner im Umgang mit ihrer Geschichte trugen ebenfalls dazu bei, dass nicht mehr viel Sehenswertes erhalten ist. Wie Fuerteventura wurde Lanzarote wohl von den Balearen aus besiedelt. Darauf deuten zahlreiche archäologische Funde hin, die eindeutig als punisch-phönizisch einzuordnen sind, sowie DNA-Analysen, Schriftzeichen und Sprachvergleiche. Deutlichster Beweis: El Rubicon im südlichsten Zipfel von Lanzarote – eine phönizische Handelsniederlassung mit mehreren Schachtzisternen. Eine davon (Pozo de la Cruz) ist der phönizischen Göttin Tanid geweiht.

Ortsbeschreibungen

Arrecife   191
Monte Mina   193
Zonzamas   193
Punta Usaje   194
Jameos del Agua   195
Cueva de los Verdes   195
Tahiché   195
Malpaís de la Corona   196
Guanapay   196

Arrecife

Archäologisches Museum in der Festung Castillo de San Gabriel (16. Jhd., 1590 von Leonardo Torriani restauriert), auf dem Islote de Fermina (über Brücke erreichbar), mit Fundstücken aus der Zeit der Ureinwohner. Interessant ist der Saal mit Felsbildern. Diese bestehen zumeist aus archaischen Strichzeichnungen, die zum Teil an die Felsritzungen in französischen Cromagnonwohnhöhlen erinnern. Petroglyphen wurden auf Lanzarote in folgenden Zonen gefunden: Femés (Piedra de Naos), Zonzamas (Piedra de Solidad, Piedra del Conchero, P. de las Ofrendas, P. del Volcan, P. Patida, P. del Cuenquito, P. del Letrero, Cueva del Majo, P. del Majo), Guenia (P. de Espino, P. del Pasadiso, P. de la Fecundidad, P. de Luis Cabrera), Los Valles (P. d. Bonilla), Teneguime (P. Gopar). Das bedeutendste Ausstellungsobjekt des Museums befindet sich vor dem Gebäude (rechts vom Eingang): ein großer Menhir aus dem Gebiet von Zonzamas (s. d.) mit fünf konzentrischen Kreisen und einer Gedenkgravur aus jüngerer Zeit. Der Stein weist eine gewisse Ähnlichkeit auf zu den sogenannten »Sonnensteinen« der atlantischen Westkultur, wie sie in Norddeutschland (Hoya, Wittmund usw.), aber auch im norditalienischen Valcamonica gefunden wurden.

Die Ruinen des Palastes von Zonzamas

Monte Mina

Berg (444 m) nahe San Bartolomé. Nekropole der Ureinwohner. Zahlreiche Schädel- und Knochenfunde aus diesem Gebiet sind im Museum von Arrecife (s. d.) zu besichtigen.

Zonzamas

1. *Quesera* (Käsebrett) genannter Altar (wahrscheinlich für Trankopfer) an der Straße von Arrecife–Tahiché: bis Kreuzung, dann links Richtung San Bartolomé, in einer starken Rechtskurve, die die Montaña de Maneje durchschneidet. Hier links auf 160 m hohen Bergkamm. Die rätselhaften, noch immer nicht restlos gedeuteten Queseras bestehen aus mehreren tief in den Basalt geschnittenen Rillen mit rechteckigen Auffangbecken. Hier bei Zonzamas: 6 Kanäle, insgesamt 5 m lang. Von den mindestens fünf auf Lanzarote bekannten Queseras ist dieser (neben dem von Punta Usaje, s. d.) am besten erhalten.
2. Siedlungszone Zonzamas: einst ein politisches und religiöses Zentrum der Insel.

Man findet hier (an der o. g. Straße rechts, gut ausgeschildert) ein Gebiet, das einem riesigen, mit Tausenden von Keramikscherben durchsetzten Conchero gleicht. Darin einige Fundamente von Häusern (casas hondas), Vorratsilos und weiträumigen (durch Holzplatten gedeckte und verschlossene) Kammern. Von Zonzamas' (dem legendären König der Ureinwohner) Palast sind nur noch einige megalithische Wallmauern und der Rest des Eingangstores zu erkennen. Die »Cueva del Majo« genannte Fundstelle ist immer noch nicht restlos erforscht. Wichtigster Fund bisher: eine sitzende Idolfigur in typisch punisch-phönizischer Körperhaltung. In der Umgebung weitere Ruinen und viele hügelartige Steinanhäufungen.

Eine der rätselhaften »Queseras«

Punta Usaje

Zwischen Cueva de los Verdes (s. d.) und Jameos del Agua (s. d.), sandiger Fußweg von der Straßenkreuzung rechts ab, Reste eines Concheros und in unmittelbarer Nähe eine große Quesera (7 m lang, 3,5 m breit) mit 4 in den Fels gehauenen Kanälen und kleinen Kammern. Die Nähe zu den schutzbietenden Höhlen legt die Vermutung nahe, dass dieser Kultplatz mit Vulkanausbrüchen bzw. Dankopfern zusammenhängt (keinesfalls aber den historischen von 1730-1736), denn die Umgebung ist weithin mit Lavaasche aus dieser Zeit bedeckt, die Quesera jedoch ist wesentlich älter. Was sonst noch unter der Lava verborgen ist, lässt sich nur vermuten.

Jameos del Agua

Eine Art neuzeitliches Sanktuarium in einem Teil der Cueva de los Verdes (s. d.). César Manrique, der bedeutendste Künstler der Kanarischen Inseln, baute die Vulkanhöhle mit dem unterirdischen und dem Meer in Verbindung stehenden Salzwassersee genial zu einem Restaurant mit Schwimmbad aus. Aus drei Gründen unbedingt besichtigen: 1. architektonisch sehr reizvoll, 2. im See lebt ein sehr seltenes Wesen der Tiefseefauna (blinder Albinokrebs, der vor ca. 3000 Jahren aus unbekannten Gründen in dieses natürliche Reservoir geriet, 3. die Besucher werfen in nahezu kultvoller Hingebung Münzen ins Wasser (der ganze Grund glitzert davon).

Cueva de los Verdes

Größte Höhle der Welt (fast 7 km, davon zur Zeit 2 km touristisch begehbar, in einem Teil davon Konzerthalle für 1000 Personen) im Norden dicht bei Jameos del Agua, durch vulkanische Tätigkeit bzw. Erodierung entstanden. Hier hinein flüchtete die gesamte Bevölkerung bei schweren Vulkanausbrüchen. Es ist anzunehmen, dass die Umgebung früher besiedelt war (siehe Punta Usaje, Malpaís de la Corona). Jetzt liegt alles unter einer meterdicken Lavaschicht begraben.

Tahiché

Kleiner Ort nördlich von Arrecife, Wohnsitz von César Manrique, der später in Haría lebte. In der Nähe Kuppelgrab mit drei Kammern.

Malpaís de la Corona

Einige Hausreste der Ureinwohner (casas hondas) in der Lavaödnis des Nordens. Die genaue Lage ist schwer zu beschreiben. Besser ist es, sich von einem Einheimischen dorthin führen zu lassen.

Guanapay

Älteste Festung auf den Kanarischen Inseln auf einem Berg dicht bei Teguise. Im 14. Jhd. von Lanzarotto Malocello (nach dem Lanzarote heute heißt) erbaut, 1596 durch den italienischen Festungsbaumeister und Chronisten Leonardo Torriani im Auftrag Philipps II. restauriert.

Kleines Guanchenlexikon

Begriffe

Vater	Adir
Mutter	Achmayex
Sohn	Aba
Tochter	Zucaha
Himmel	Tigot
die Himmel	Tigotan
Ja	Zu
Hilfe!	Axit!
Sei gegrüßt!	Chusar!
Auf Wiedersehen!	Sansofe!
Erde	Axhoran
Sonne	Magec
Mond	Cel
Fluss, Bach	Acof
See	Aguere
Kleid	Tamarco
Pflanze	Verode
Auge	Ain
Baum	Tarhais
Nase	Dor
Palme	Tamara
Fuß	Benda
Ebene	Aridane
Rücken	Gomad
Stein	Tenique
Arm	Iye

Berg	Tedote
Stirn, Augenbraue	Time
Haus	Anche
Bein	Ategma
Teller	Gánigo
Messer	Tabona
Becher	Tabite
Topf	Tofio
Schwein	Taquazen
Schaf	Tahaxan
Ziege	Aridanan
Hund	Haguayan/Magua
Quelle	Azofa
Felsen	Chime
Loch	Ere
Getreide	Yrichen
Korn	Tamocen
Erdbeeren	Morangana
Adler	Guirre
Milch	Aho/Ahof
Butter	Amulan
Honig	Chacerquen
Boot	Aramotanoque
Wasser	Ahemen/Ahemon
geröstetes Mehl	Gofio
Ratsplatz	Tagoror

Zahlen

1	Been
2	Lini
3	Amiat
4	Arba
5	Cansa
6	Sumous
7	Sat
8	Set
9	Acot
10	Marago
11	Beni-Marago
12	Lini-Marago
13	Amiat-Marago
14	Arba-Marago
15	Cansa-Marago
16	Sumous-Marago
17	Sat-Marago
18	Set-Marago
19	Acot-Marago
20	Linago
21	Beni-Linago
22	Lini-Linago
23	Amiat-Linago
24	Arba-Linago

Auswahl typischer Guanchennamen

Acaymo	Bediesta	Galfir	Mayantigo
Adama	Benchomo	Garehagua	Nesfete
Adargoma	Bentanor	Gazmira	Sima
Adrona	Bucatermanaza	Gomidafe	Tamanca
Adzerura	Cobura	Guajunote	Tanausú
Agando	Chaoro	Guize	Tibiabin
Angocor	Chimayo	Hautacuperche	Tijinama
Armiche	Doramas	Huauxa	Ugranfir
Atogmatoma	Echedey	Hupalupa	Xerach
Atidamana	Echentive	Iballa	Zebenzui
Auixhua	Ertoma	Ico	Zonzamas
Ayuasungua	Faina	Iriome	Zuguiro

Chronik

8000 v. Chr.	Ende der Eiszeit
4000-3000	möglicherweise erste Besiedlung der Insel durch Cromagnoniden
um 2000	mögliche zweite Besiedlungswelle durch mediterrane Siedler aus Nordwestafrika/Südwesteuropa. Durchmischung von europäischen, nordafrikanischen und phönizischen Menschentypen.
800	Homer berichtet über die »glücklichen Inseln«
484	Herodot erwähnt die Inseln
24 v. Chr.	Plinius berichtet über die Inseln
-----	
46 n. Chr.	Plutarch berichtet über die Expedition durch König Juba von Mauretanien
65	Seneca erwähnt die Inseln
150	Ptolemäus legt den Nullmeridian durch den Kanarischen Archipel
999	Admiral Ben-Farrouk besucht mit einer arabischen Flotte die Inseln
1325	Lancelotto Malocello landet auf Lanzarote
1402	Eroberung Lanzarotes durch Bethencourt und de la Salle
1405	Eroberung Fuerteventuras durch Bethencourt
1425	spanische Stützpunkte auf La Gomera
1461	fehlgeschlagene Invasion Gran Canarias durch Diego de Silva
1477	die spanische Krone übernimmt die Herrschaft über alle Kanarischen Inseln
1478	Gründung von Las Palmas durch Juan Rejon

1483	Eroberung von Gran Canaria durch Pedro de Vera
1488	Eroberung von La Gomera
1492	Kolumbus startet von Las Palmas aus zur Neuen Welt
1493	Eroberung von La Palma
1494	Guanchen unter der Führung Bencomos siegen über das spanische Invasionsheer auf Teneriffa
1495	Teneriffa wird von Fernández de Lugo erobert
1657	ein Angriff der britischen Flotte unter Admiral Blake wird vor Santa Cruz de Tenerife zurückgeschlagen
1797	Admiral Nelson versucht vergeblich, Teneriffa für die britische Krone zu erobern
1799	Alexander von Humboldt forscht auf Teneriffa
1936	Franco beginnt von Teneriffa aus den Spanischen Bürgerkrieg
1976	Wiedereinführung der Monarchie in Spanien
1978	Die neue spanische Verfassung sichert den Kanarischen Inseln weitgehende Autonomie zu
1986	Spanien tritt der Europäischen Gemeinschaft (EG) bei, sechsjähriger Übergangsstatus für die Kanarischen Inseln

Anmerkungen

1) Es ist bemerkenswert, dass auf den Kanarischen Inseln eine stark symbolträchtige Doppelbedeutung vorliegt: Tara ist sowohl der Ort der »Großen Urmutter« als auch die Erinnerungsmarke, das Bedeutungszeichen in Stein, kurzum: das Steinzeichen.

2) Bei der weiteren Betrachtung des Kultobjektes »Bumerang« stößt man unweigerlich auf einen bemerkenswerten Hinweis in der altnordischen »Edda«. Hier wird nämlich beschrieben, wie Thors Hammer auf geheimnisvolle Weise immer wieder nach dem Wurf in seine Hand zurückkehrt. Wenn man dann noch an die vielen hundert Bumerang-Darstellungen auf Felsbildern des skandinavischen Raums denkt, wird der Zusammenhang immer klarer. Das ist aber noch lange nicht alles, was die »Edda« an Informationen zu bieten hat. An anderer Stelle ist nämlich von den »glücklichen Inseln« (Gladheim, glad = glücklich) bzw. vom »Land der Glücklichen« die Rede, in das die erschlagenen Helden zu Odin einziehen (Totenkult!). Große Hunde (!) schützen die Halle, und das zentrale Heiligtum befindet sich auf dem Idafeld. Nimmt man jetzt noch hinzu, dass Thors Bruder in der »Edda« Gomera heißt, so könnte man zu der Vermutung gelangen, dass die Autoren des alten nordischen Heldenepos recht genau über die Kanarischen Inseln Bescheid wussten.

3) Pintaderas in vergleichbarer Form wurden auch in Mexiko, Yucatan, Spanien, den Ligurischen Alpen, England, Frankreich, Deutschland (Steinsburg), Bulgarien, den Antillen, Nord-, West- und Ostafrika und sogar in Japan und Indien gefunden. Die kanarischen Pintaderas fallen besonders durch ihre oft streng geometrischen Muster auf, die einen gewissen Gegensatz zu den ansonsten eher rund orientierten Petroglyphen darstellen. Allerdings kommen ähnliche graphische Rautenmuster

auch bei den Wandbemalungen der Cueva Pintada auf Gran Canaria vor. Diese wiederum finden eine verblüffende Parallele zu Gravierungen auf Kultsteinen bei New Grange, Irland.

4) Wenn man die Abbildung der »großen Urmutter von Tara« näher betrachtet, so fällt auch einem Laien sofort die phallische Form von Hals und Kopf auf. Diese Darstellungsform war bei den neolithischen Urmutterplastiken in Europa weitverbreitet. Nach der älteren Stilphase 1 (z. B. Venus von Willendorf), die noch übermäßig ausladende, Fruchtbarkeit suggerierende Rundformen aufweist, wirken die Darstellungen der Stilphase 2 (z. B. Urmutter von Tara) eher bisexuell, verkörpern also stärker die beidgeschlechtliche Ausrichtung des Kultes.

5) José Luis Concepción gibt in seinem Buch »Die Guanchen. Welche überlebten und ihre Nachkommenschaft« überzeugende Dokumente für diese Behauptung ab, in dem er Auszüge aus den Grundbucheintragungen (Datas) des Jahres 1497 veröffentlicht. Man merkt dabei, wie sehr die damals voranschreitende Christianisierung (Namensänderungen!) diese Tatsache historisch verwischt hat.

6) Dem Autor sind darüber hinaus weitere bedeutende Begräbnishöhlen bekannt, über die er aber nicht berichten möchte, weil auf ihnen ein Tabu der Einheimischen liegt bzw. weil er die Ruhe der dort bestatteten Ureinwohner respektiert.

7) Wie der Autor in verschiedenen Beiträgen (u. a. »Bergheiligtümer der Ureinwohner auf der Kanareninsel La Gomera« in: *ur- und frühzeit* 4/87) anhand von Erstbeschreibungen bisher unbekannter Kultplätze nachwies, handelt es sich bei der Religion der Altgomerer um ein interessantes Bedeutungssystem: Die Insel war ungefähr gleichmäßig unter den vier Stämmen von Agana, Mulagua, Orone und Hipalan aufgeteilt. Jeder dieser Stämme besaß ein eigenes Bergheiligtum auf einem »Platz der Macht« (Fortaleza). Möglich ist, dass dabei dem Roque

Agando, der nur äußerst schwer zu erklimmen ist, eine zentrale, übergeordnete Bedeutung (ähnlich dem Idafe auf La Palma) zukam. Wir hätten dann hier auch wieder die Bedeutung einer »Weltensäule«, wie es vergleichbar im alten Irland der Fall war. Dort war die Insel ebenfalls in vier, etwa gleich starke Königreiche aufgeteilt. Der zentrale Mittelpunkt aber war Tara mit dem heiligen Menhir, dem die Bedeutung einer Weltensäule bzw. auf den Polarstern ausgerichteten Weltenachse zukam. Dies würde auch die seltsamen Funde auf dem Roque Agando (s. d.) verständlich machen.

Glossar

Abora · die gute Kraft in der Religion der Ureinwohner
Adorant · Anbeter, Gläubiger
alphabetiforme Zeichen · an die Buchstaben des Alphabets erinnernde Zeichen
Allmenden · Weideflächen im Allgemeinbesitz
Almogarén · Tempel der Ureinwohner, Opferaltar
Baetyles · kleine Menhire, Ahnensteine
Beñesmen · Erntefeste
Barranco · Schlucht
Cabildo Insular · Inselverwaltung
Caboco · Talschluss eines Barrancos, oft Felswand mit Feuchthöhlen, Wasserfall
Caldera · internationale Bezeichnung für eine kesselförmige Landschaft, Vulkankrater
Calima · heißer Ostwind aus der Sahara
Cementerio · Friedhof
Conchero · internationale Bezeichnung (früher auch: Kjöckenmöddinger) für Muschelschalenhaufen
Cromagnon · (auch: Cro-Magnon) Ort in Südwestfrankreich, bei dem Überreste einer europäischen Menschenrasse aus dem Ende der Eiszeit gefunden wurden, danach Cromagnonrasse
Cueva · Höhle
C-14-Methode · eine Altersbestimmungsmethode (auch Radiokarbonmethode genannt), die den Gehalt an radioaktivem Kohlenstoff in ehemals organischen Stoffen (Holz, Kohle und dgl.) ermittelt. Dieser stammt aus dem Kohlendioxyd der Luft und verringert sich im Laufe der Zeit gesetzmäßig durch radioaktiven Zerfall. Das Verfahren kann auf diese

Weise – vorausgesetzt, es wird sorgfältig und wissenschaftlich kontrolliert durchgeführt – relativ sichere Zeitbestimmungen über archäologische Funde machen.

Drago · Drachenbaum, eigentlich kein Baum, sondern ein urzeitliches Liliengewächs, kanarenendemische Pflanze

Efequenes · Rundtempel mit spiralförmigem Zugang auf Fuerteventura, heute nicht mehr erhalten. Auch die Tempelanlage im El Julan auf El Hierro wird mitunter so bezeichnet. In diesem Sinne ließen sich auch gewisse Steinsetzungen auf La Gomera (Fortaleza de Chipude) *efequenes* nennen.

Endemisch · auf ein bestimmtes, enges Gebiet festgelegt vorkommend, lokale Beschränkung einer Tier- oder Pflanzenart

Eraorahan · männliche Stammvatergottheit im Glauben der Ureinwohner

Felsbildstation · Fachausdruck für einen Fundort, an dem in konzentrierter Form Felsbilder vorkommen

Fortaleza · spanisches Wort im Sinne von Festung, aber auch Kraft, Mut, Stärke, im Glauben der Ureinwohner »Plätze der Macht«, zumeist auf besonders exponierten Bergspitzen lokalisiert

Fuente · Quelle

Gofio · Grundnahrungsmittel der Ureinwohner aus gemahlenem und geröstetem Getreide, früher auch aus den Wurzeln des Farnkrauts

Grafitti · allgemeine Bezeichnung für bildhafte oder schriftliche »Erinnerungsmarken« an Wänden. Weit gefasst sind alle Felsbilder Grafittis.

Guanchen · im allgemeinen werden so alle Ureinwohner der Kanarischen Inseln bezeichnet, im engeren Sinne aber nur die Ureinwohner von Teneriffa

Guayote · das böse Prinzip im Glauben der Ureinwohner, zumeist in Hundegestalt (Kojote) vorgestellt

Harimaguadas · die heiligen, in klösterlicher Gemeinschaft auf Gran Canaria lebenden Jungfrauen
ICONA · Forst- und Naturschutzbehörde
Ideogramme · streng codierte Bedeutungszeichen, zumeist in einfachen geometrischen Figuren
Imagisation · Bedeutungsaufladung bestimmter Plätze mit magischen Bildzeichen (imagisieren)
Konquistadoren · die spanischen Eroberer der Kanarischen Inseln sowie Mittel- und Südamerikas
kruziforme Symbole · Christianisierungszeichen in Kreuzform
Lapas · Seeschnecken, deren Schalen auf Abfallhaufen (Concheros) geworfen heute wichtige archäologische Fundorte darstellen
Lomo · Bergrücken
Lucha Canaria · uralter, kanarentypischer Kampfsport, eine Art Ringkampf
Megalithkultur · die Kultur der Großsteinbaumeister (von mega=groß und lithos=Stein), eine bisher immer noch nicht restlos erforschte Großkultur an den atlantischen Küsten Europas und im Mittelmeerraum
Mencey · Bezeichnung der Ureinwohner für König
Menhir · aufrecht stehender, zumeist im Boden verankerter Stein mit besonderer kultischer Bedeutung
Mirador · Aussichtspunkt
Moneiba · weibliche Urmuttergottheit im Glauben der Ureinwohner
Obsidian · dunkles, fast schwarzes Gesteinsglas mit scharfen Bruchflächen, vulkanischen Ursprungs. Wegen der Schärfe und Härte bei den kanarischen Ureinwohnern als Vielzweckwerkzeug sehr beliebt.
Paarungssiebung · Bevorzugung bestimmter Frauen durch sozial höherstehende Männer

Passat · Wind aus Nordost, der die Meeresströmung um die Kanarischen Inseln beherrscht
Petroglyphen · Zeichen im Stein, Felsgravierungen
Pintaderas · Tonstempel mit unterschiedlichen Mustern zum Bestempeln der Haut und der Kleidung, wohl auch als persönliche Besitzzeichen verwendet (besonders auf Gran Canaria)
Puerto · Hafen
Queseras · seltsam bearbeitete »Steinaltäre« auf Lanzarote mit noch immer ungeklärter Bedeutung
Roque · Felsen; oft werden aber auch die uralten, erodierten Kaminschlote von Vulkanen als Roque bezeichnet
Seelensteine · Menhire, Ahnen- und Kultsteine, manchmal mit eingebohrten Augen und Mundloch
Silbo · eine speziell auf La Gomera entwickelte Pfeifsprache, die über große Distanzen hinweg funktioniert
Tabona · scharfer, schneidender Stein
Tagoror · Steinkreis, Versammlungsplatz. Der »große Tagoror« bezeichnet den Rat und war dem Mencey zur Rechtsprechung vorbehalten.
Tara · Ort auf Gran Canaria, an dem die »große Urmutter von Tara«, ein bisexuelles Symbol, gefunden wurde. In der Wortbedeutung der Ureinwohner auch Erinnerungszeichen. Somit wären alle Petroglyphen der Kanaren »Taras«.
Taro · einfacher Windschutz aus Trockensteinmauern für die Hirten
Tumulus · Grabhügel

Literaturverzeichnis (Auswahl)

Abreu de Galindo, Fra. Juan: Historia de la Conquista de Canarias (Originalhandschrift 1590-1602), Santa Cruz de Tenerife 1977

Afonso Pérez, L: Atlas Básico de Canarias, Santa Cruz de Tenerife 1985.

Álvarez Delgado, Juan: Los aborígenes de Canarias ante la Linguística, Madrid 1941

Beltrán Martínez, A.: Los grabados del barranco de Balos, Las Palmas de Gran Canaria 1971

Bethencourt Alfonso, Juan: Notizen zu den prähistorischen Studien auf den Inseln Gomera und Hierro, in: Almogaren I, Hallein 1970

Bethencourt Alfonso, Juan: Sistema religioso de los antiguos gomeros, 1881

Bethencourt, Emiliano E., u. a.: Las Pirámides de Canarias y el Valle Sagrado de Güímar, Teneriffa 1996

Biedermann, Hans: Die Spur der Altkanarier, Hallein 1983

Biedermann, Hans: Wellenkreise. Mysterien um Tod und Wiedergeburt in den Ritzbildern des Megalithikums, Hallein 1977

Biedermann, Hans: Die versunkenen Länder. Die Atlantisfrage u. a. Rätsel der Menschheitsgeschichte, Graz 1975/1978

Bory de Saint Vincent, J. B. G. M.: Geschichte und Beschreibung der Kanareninseln (Originalausgabe: Paris 1803), Graz 1970

Braem, Harald: Felsbilder und Besiedlungsspuren auf der Kanareninsel La Palma, in: ur- und frühzeit 3/87, Hornberg 1987

Braem, Harald: Bergheiligtümer der Ureinwohner auf der Kanareninsel La Gomera, in: ur- und frühzeit 4/87, Hornberg 1987

Braem, Harald: Felsbilder und rätselhafte Schriftzeichen auf der Kanareninsel El Hierro, in: ur- und frühzeit 1/88, 1988

Braem, Harald: Das magische Dreieck, Stuttgart/Wien 1992,1995, Augsburg 2000

Braem, Harald: El mensaje de las pirámides, Barcelona 1993

Braem, Harald: Märchen und Mythen, Berlin 1990

Braem, Harald: Tanausú, München 1991, 1993, Barcelona 1992, Teneriffa 2003 (Deutsch) 2005 (Spanisch)

Braem, Harald: Von den Inseln des Drachenbaums zur Festung der Sturmgötter, Hrsg. Hans Helmut Hillrichs, München 1990

Braem, Harald: Die magische Welt der Schamanen und Höhlenmaler, Köln 1994

Braem, Harald: Magische Riten und Kulte, Stuttgart u. Wien 1995, 1999

Braem, Harald: Magische Plätze auf den Kanaren, Augsburg 2005

Brief Guide to the archeological heritage of Gran Canaria, Las Palmas de Gran Canaria 2003

Cabrera, J. T.: Episodios Gomeros del Siglo XV, 1969, Hrsg. Luis Reyes Pérez Castro, J. M. / Eigen, S. / Goebel, W.: La Palma. Die Canarische Insel, Tübingen 1985, 1996

Calvet, Carlos: Geschichte und Mythen der Kanaren, Leipzig 2007

Colectivo Raiz: La Palma. Schritt für Schritt, La Laguna 1987

Colectivo Raiz: La Gomera. Schritt für Schritt, Santa Cruz de Tenerife 1985

Colectivo Raiz: El Hierro. Schritt für Schritt, La Laguna 1987

Concepción, José Luis: Die Guanchen, welche überlebten, und ihre Nachkommen, La Laguna 1982

Concepción, José Luis: Nombres Propios Guanches, Santa Cruz de Tenerife 1984

Concepción, José Luis: Costumbres, Tradiciones y Remedios Medicinales Canarios, La Laguna 1984

Cuscoy, Diego L.: El Roque Teneguía y sus grabados rupestres, Madrid 1973

Cuscoy, Diego L.: Los Guanches, Santa Cruz de Tenerife 1968

Cuscoy, Diego L.: El Conjunto Ceremonial de Guargacho, Santa Cruz de Tenerife 1979

Donelly, Ignatius: Die vorsintflutliche Welt, Esslingen 1911 (engl. Originalausgabe: London 1882)

Ferreira, Antonio L. Cubillo: Nuevo analisis de algunas palabras guanches, Las Palmas de Gran Canaria 1980

Fleck, Michael: El Hierro. Die vergessene Insel, Bruchköbel 1985

Freksa, Martin: Das verlorene Atlantis, Tübingen 1997

Gawin, Izabella: Insel Gomera, Bielefeld 2003

Gawin, Isabella: Insel El Hierro, Bielefeld 2003

Glas, George: Geschichte der Entdeckung und Eroberung der Kanarischen Inseln. Aus einer in La Palma gefundenen spanischen Handschrift übersetzt. Nebst einer Beschreibung der Kanarischen Inseln (engl. Originalausgabe: 1764), Leipzig 1777, Nachdruck 1978

Hernández, Pedro Hernández: Natura y Cultura de las Islas Canarias, Santa Cruz de Tenerife, 3. Aufl. 1979

Hernández Pérez, M. S.: Grabados rupestres del Archipiélago Canario, Las Palmas de Gran Canaria 1981

Hernández Pérez, M. S.: La Palma Prehispánica, Las Palmas de Gran Canaria 1977

Hernández Pérez, M. S.: Contribución a la carta arqueológica de la isla de La Palma, Madrid 1982

Herrera, Salvador Lopez: Die Kanarischen Inseln. Ein geschichtlicher Überblick, Santa Cruz de Tenerife 1978

Jaen, Marcos A. Castillo: Mis primeras lecciones de Guanche, Las Palmas de Gran Canaria 1982

Jaen, Marcos A. Castillo: Mis segundas lecciones de Guanche, Las Palmas de Gran Canaria 1982

Jantzon, Manfredo: Das Leben der Ureinwohner der Kanarischen Inseln, Teneriffa 1997

Lorenzo Rodríguez, J.: Noticias para la historia de La Palma, La Laguna 1985

Machín, Don José Padrón: Noticias Relacionadas con la Historia de la Isla del Hierro, Valverde 1983

Martel, Sangil Manuel: Las Islas Canarias y su origen, Bilbao 1950

Martin, A. Mederos: Los Aborígenes y la Prehistoria de Canarias, Gran Canaria 2007

Martínez, Pilar Acosta u. a.: Excavaciones Arqueológicas en los Concheros de Arguamul, La Gomera, in: El Museo Canario, Las Palmas de Gran Canaria 1975-1976

Millares Torres, A.: Historia General de las Islas Canarias, 5 Bde., Santa Cruz de Tenerife 1975 ff.

Morales Padrón, F.: Como vivían los antiguos canarios, Las Palmas de Gran Canaria 1978

Muck, Otto: Alles über Atlantis, Düsseldorf 1976

Navarro Mederos, J. F.: Prehistoria de la Isla de La Gomera, Las Palmas de Gran Canaria 1981

Navarro Mederos, J. F./Rodríguez, E. M.: El Barranco de San Juan y El Arte Rupestre Palmero, Las Palmas de Gran Canaria 1987

Navarro Mederos, J. F.: Los Aborígenes, Teneriffa 1987

Navarro Mederos, J. F.: La Gomera y los Gomeros, Teneriffa 1993

Nichols, T.: Descripción de las Islas Afortunadas (Original 1583), Nachdruck: La Laguna 1963

Nowak, Herbert: Fortaleza de Chipude – ein Bergheiligtum der Altgomerer, in: Raggi 8, 1968

Nowak, Herbert: Prähistorische Steinbauten von La Palma, El Hierro, La Gomera und Tenerife, in: Almogaren V-Vl, Graz 1975

Pischel, Barbara: Die atlantische Lehre. Übersetzung und Interpretation der Platontexte aus Timaios und Kritias, Frankfurt 1983

Reden, Sibylle v.: Die Megalith-Kulturen, Zeugnisse einer verschollenen Urkultur, Köln 1978

Reifenberger, Ursula u. Adam: Kanarisches Wanderbuch. Auf den Spuren der Guanchen durch La Gomera, El Hierro und La Palma, Gleichen

Reifenberger, Ursula u. Adam: Steinerne Zeugnisse der Ureinwohner von El Hierro und La Palma, in: Prähistorische Zeitschrift 61, Heft 2, Berlin 1986

Revista de Historie! Canaria, Tomo XXXVII, Nr. 172, La Laguna 1980

Rother, Almut u. Frank: Die Kanarischen Inseln, Köln 1982

Scharf, Joachim-Hermann: Cromagnonide der Kanaren – Träger der Megalithkultur? in: Almogaren 9/10, Hallein 1980

Schmidt di Simoni, Kav: Gran Canaria. Ein Reisehandbuch, Berlin 1987

Schulz, P. O.: Kanarische Inseln. dtv-Reiseführer, München 1982

Schwidetzky, Ilse: Die vorspanische Bevölkerung der Kanarischen Inseln, Göttingen 1963

Torriani, L.: Die Kanarischen Inseln und ihre Urbewohner. Eine unbekannte Bilderhandschrift vom Jahre 1590. Im ital. Urtext und in deutscher Übersetzung herausgegeben v. Dominik Josef Wölfel, Leipzig 1940

Turismo de Canarias, Teneriffa 2005, Hrsg. Bethencourt Casanova

Uden, Horst: Der König von Taoro, Teneriffa 2001

Uden, Horst: Unter dem Drachenbaum, Legenden und Überlieferungen von den Kanarischen Inseln, Teneriffa 2007 (Original 1946)

Verneau, R.: Cinco anos de estancia en las Islas Canarias (franz. Originalausgabe 1772-1783), Santa Cruz de Tenerife 1982

Viera y Clavijo, J. de: Noticias de la Historia General de las Islas Canarias (Original: 1772-1783), Santa Cruz de Tenerife (8. Ausgabe) 1982

Wirth, Hermann: Der Aufgang der Menschheit, Jena 1929

Wirth, Hermann: Die Heilige Urschrift der Menschheit, Leipzig 1931

Wölfel, D. J. (Hrsg): Torriani, Leonardo: Die Kanarischen Inseln und ihre Urbewohner (in deutscher Übersetzung), Leipzig 1940 (ital. Originalhandschrift: 1590-1597)

Wölfel, D. J.: Monumenta Linguae Canariae – Kanarische Sprachdenkmäler, Graz 1965

Wölfel, D. J.: Die Kanarischen Inseln, die westafrikanischen Hochkulturen und das alte Mittelmeer, Bamberg 1950

Wölfel, D.J.: Die Religionen des vorindogermanischen Europa, in: Christus und die Religionen der Erde, Handbuch der Religionsgeschichte, Freiburg 1951, Reprint Hallein 1980

Der Autor

Harald Braem, Jahrgang 1944, Professor für Kommunikation und Design, Direktor des KULTUR-INSTITUTs für interdisziplinäre Kulturforschung e.V., Experimentalarchäologe und anerkannter Kanarenforscher. Er verfasste zahlreiche Romane (Tanausú – König der Guanchen, Hem On, der Ägypter), Erzählungen, Sachbücher und Dokumentarfilme. Sein Werk wurde bisher in 14 Sprachen übersetzt.

Lesen Sie auch:

Tanausú, König der Guanchen

Roman von Harald Braem

Während Kolumbus sich aufmacht, Amerika zu entdecken, will der Spanier Alonso de Lugo La Palma erobern, die einzige Kanareninsel neben Teneriffa, die noch nicht den Katholischen Königen unterworfen ist. 1492 landet er mit drei Schiffen vor der Westküste La Palmas...

„Kompliment! So kann man den Menschen Geschichte näher bringen!" *(Offenbach Post)*

Zech Verlag, Teneriffa 2003
ISBN 978-84-933108-0-6

Der König von Taoro

Bestseller von Horst Uden

Historischer Roman der Eroberung Teneriffas. Eine Zeitreise ins 15. Jahrhundert. Sie werden Teneriffa danach mit anderen Augen sehen.

»Ein Werk, an dem niemand achtlos vorbei geht.« *F. Montes de Oca García (†), Chronist*

Zech Verlag, Teneriffa 2001
ISBN 978-84-933108-4-4

Lesen Sie auch:

**Unter dem Drachenbaum
Kanarische Legenden**

Von Horst Uden

Legenden und Erzählungen von allen »acht« Kanareninseln, Märchen und Mythen, Piratenabenteuer, Liebesgeschichten, Volksweisheiten und Anekdoten...

Zech Verlag, Teneriffa 2007
ISBN 978-84-933108-2-0

**Naive Malerei:
Galerie der kanarischen Volksbräuche**

Von Ángeles Violán und Rafael Arozarena

Die schönsten kanarischen Traditionen im Spiegel der naiven Malerei von Ángeles Violán. Szenen von schlichter Schönheit und glaubwürdiger Kulturinformation. Mit Texten von Rafael Arozarena (Kanarischer Literaturpreis). Gebundene Ausgabe, farbig illustriert mit 45 naiven Bildern.

Zech Verlag, Teneriffa 2006
ISBN 978-84-933108-9-9

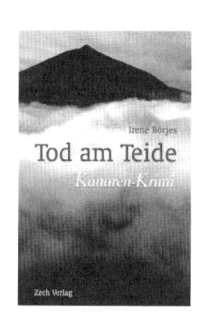

Tod am Teide
Kanaren-Krimi

Von Irene Börjes

Lisa Sommer ist frisch gebackene Reiseleiterin. Als sie am Flughafen von Teneriffa ihre erste Wandergruppe in Empfang nimmt, geschieht ein Mord. Die Reisegruppe entwickelt detektivischen Ehrgeiz...

Zech Verlag, Teneriffa 2006
ISBN 978-84-934857-0-2

Spanisch im Alltag

Von Luis Ramos

Mit diesem praktischen Sprachführer findet sich der Spanisch-Anfänger schnell am Urlaubsort zurecht, sei es im Taxi, an der Rezeption, am Post- oder Bankschalter, bei Freunden zu Hause und in vielen anderen Alltagssituationen.

Über 500 Redewendungen, Vokabeln und praktische Tipps. Illustriert von Karin Tauer.

Zech Verlag, Teneriffa 2007
ISBN 978-84-934857-1-9